Loving Kindness in Plain English

The Practice of Metta

慈悲の瞑想

慈しみの心

バンテ・ヘーネポラ・グナラタナ
Bhante Henepola Gunaratana

出村佳子 訳
Demura Yoshiko

春秋社

慈悲の瞑想——慈しみの心

目次

目次

付録

はじめに

欧米では、「慈悲」に関する本がすでにいくつか刊行されていますが、本書は仏教の国々でよく親しまれている慈しみの法話――『慈経《じきょう》』に基づいて書いたものです。

『慈経』は、パーリ語で“Karaṇīya Metta Sutta”（カラニーヤ・メッタ・スッタ）と呼ばれ、略して“Metta Sutta”（メッタ・スッタ）として知られています。これは、上座仏教（テーラワーダ仏教）の国々において、他のどの経典よりも頻繁に唱えられているお経です。

私たちはこの『慈経』を、通常、パーリ語で唱えています。（パーリ語はブッダが実際に使っていた言葉ですから、パーリ語のほうが内容を深く理解することができるのです。）

そこで、パーリ語にあまりなじみのない方も、この『慈経』の奥深い意味を原意にそって理解することは役に立つのではないかと思い、筆を執ることにしました。

執筆にあたりサポートしていただいたジュディ・ラーソンとジュラ・ナジに、心より感謝いたします。また、慈悲の瞑想に関心のある方々に本書を届けられるようご尽力いただいたウィ

ズダム・パブリケーションズに感謝いたします。最後に、本書を磨きあげ仕上げてくださった
ジョシュ・バルトーク、アーニー・コトラー、ブリアンナ・クイックに感謝いたします。

慈しみを込めて

バーワナー・ソサエティ森林僧院・瞑想センター
バンテ・H・グナラタナ

慈悲の瞑想——慈しみの心

第1章　慈しみは人の自然な心

「慈しみ」は、パーリ語の“metta《メッタ》”の最も一般的な訳語であり、仏教の主要な実践のひとつです。

ブッダの教えは、五世紀近くものあいだ世代から世代にわたって口承で伝えられ、その後、スリランカの修行僧（比丘《びく》）によってパーリ語で書き留められました。

“Metta《メッタ》”という語は、「友」という意味をあらわす“mitta《ミッタ》”に由来します。この“mitta《ミッタ》”には、「太陽」という意味もあります。生命が太陽のあたたかさに依存して生きているように、私たちは友人のあたたかさに依存して生きています。

ですから“metta《メッタ》”の訳として、私は「友」という語を使うのを好みます。（本書に出てくる「慈しみ」や「慈悲」という語のほとんどは、この「友」という意味で使っています。）

ブッダは悟りを開いてから四五年間、多くの人々に法（真理）を説くために歩きつづけました。しかし、一年のうち雨季の三か月間は一か所に定住して修行しました。これを「雨安居《うあんご》」といいます。

ある年、雨安居の時期が近づいてきた頃、ブッダが滞在している祇園精舎《ぎおんしょうじゃ》（寛大な支援者であり在家仏教徒であるアナータピンディカ居士がブッダに寄進した僧院）に、国中から大勢の比丘たちがやってきました。（当時、雨安居に入る前、比丘たちはブッダから瞑想についての助言を求める習慣があったのです。）

ブッダは、そのなかの六〇人の比丘たちに、人里離れた辺ぴな森へ行き、そこで瞑想するようアドバイスしました。

六〇人が森に着いたとき、近くに住む村人たちは修行用の小屋を建てるなど比丘たちを歓迎しました。しかし、森の霊たちは自分たちの生活が妨げられたと考えて不機嫌になり、歓迎するのではなく、森の小道で幽霊の姿を見せたり、あちこちに死体を置いたりして、比丘たちを脅し、森から追いだそうとしたのです。

幽霊を見、腐った死体の悪臭をかいだ多くの比丘たちが、気分を悪くし、体調を崩しました。そこで、みなでブッダが滞在している祇園精舎に戻り、ブッダにどうすべきかを尋ねることにしたのです。

祇園精舎に着き、起きた出来事を告げると、ブッダは比丘たちに森に戻るよう励ましました。

「あなたがたは武器を持たずに森に入りました。今度は武器を持っていきなさい」

そう言って、武器を与えたのです。

その武器が、慈悲の教え、つまり『慈経《じきょう》』です。これを毎月八回、読誦するようアドバイスしました。

森に戻った比丘たちは、毎週二回、この『慈経』を唱えました。すると、森の霊たちの心がすっかり変わり、比丘たちを脅すのをやめたのです。かわりに、森のさまざまな危険から守るようになりました。村人たちも、比丘たちの穏やかで落ち着いたふるまいに感謝して、それからも修行を支えました。

このように、慈悲の瞑想（慈経）は、それを実践する者を守ってくれるのです。

ブッダは、慈悲を育てるための瞑想法を教えられました。

瞑想とは、「私が幸せでありますように」とか「生きとし生けるものが幸せでありますように」といった自分と他者の幸せを願う言葉を念じたり唱えたりしながら、慈しみのエネルギーを自分に、そして外へと向けることです。

念じるといっても、これは単なる願いごとではありません。慈悲の瞑想をすることで、心――そして脳までも、実際に改善されるのです！

研究によれば、慈悲の瞑想をすると心身の健康が増進し、病気が軽減し、ＥＱ（心の知性）

が高まるなど、よい効果がたくさんあることが示されています。

「慈しみ」は、社会で一般的に知られている「愛」とは異なります。無条件のやさしさであり、そこに裏の動機はありません。慈しみは憎しみに変わることがなく――愛と憎しみという相反する二面性はないのです。

私たちがだれかを愛していると言うとき、それはたいてい自分に欠けているものを埋めるような相手の外見、ふるまい、ものごとの考え方、感じ方を見て言っています。相手に魅力がなくなったら、もう好きだと思わないでしょうし、自分の好みや関心、興味が変わったら、その愛は冷めてしまうでしょう。

いま愛していても、しばらくすると嫌いになるかもしれません。すべてが順調で穏やかなら愛しますが、悪いほうに向かったときには嫌いになるかもしれないのです。

このように愛が状況によって変わるなら、それは真の愛――慈しみ――ではありません。性欲や貪欲、搾取かもしれないのです。

アメリカのヴィパッサナーの指導者ジョセフ・ゴールドシュタイン（Joseph Goldstein）は、慈しみについて次のように説明しています。

この種の愛（慈しみ）には、欲や執着が混ざった一般的な愛とは異なる性質がたくさんあります。慈しみは寛大な心から生じ、これは自分の利益を求めないやさしさや思いやりのことです。愛してくれるならあなたを愛するとか、このようにふるまってくれるなら愛するといった取引や見返りを求めるようなことはしません。慈しみは害をもたらすものとはまったく関係がなく、つねに清らかな心から生じるのです。

私が八歳のときのことです。夕方や夜になると視力が低下し、はっきりものが見えなくなりました。おそらく栄養失調が原因でしょう。暗くなると盲目になったかのように何も見えず、灯油ランプをともしても見えなかったのです。

姉は私が見えないふりをしているだけではないかとからかいましたが、母は心配して、村の医者に相談し、クスリを処方してもらってくれていました。

そのクスリは薬草からつくられた苦い味のものでしたが、医者はどんな薬草なのか、教えてくれなかったようです。スリランカの多くの人は、薬草には何か神秘的な力があると信じており、その成分はよく秘密にされていました。

母は毎日、薬草をすりつぶして粉にし、私にのませてくれました。それはひどい味で、しかもお腹がすいている朝食前にのまなければならなかったのです。

クスリをのませるために、母は慈しみの力を使いました。家族がまだ目を覚ます前に私をそっと起こし、膝に座らせ、抱きしめ、キスをし、ささやき声でお話をし、私の心がやすらいで、安心感に包まれたその瞬間――、クスリを口に入れるのです。そして、ごくりとのみこむように言いました。母はいつもクスリに砂糖を混ぜてくれましたが、それでも苦い味にかわりありませんでした。

これを毎朝くり返し、数か月ほどたって、私の視力は回復しました。もしあの母の慈しみがなければ、苦いクスリをのむことができず、視力は回復しなかったでしょう。

あれから数十年たったいま、私は慈しみの力を確信しています。慈しみは、人生のさまざまな苦しみに直面できるよう、力を与えてくれるのです。

ブッダは、慈しみの力を使って多くの敵に打ち勝ちました。

ある日、ブッダが弟子たちといっしょに托鉢《たくはつ》に行き、僧院へ戻る途中、邪悪で腹黒い従兄弟《いとこ》のデーワダッタが、ブッダめがけて荒れ狂うゾウを放ちました。巨大なゾウがブッダに向かって突進しているとき、ブッダはそのゾウにたいして慈しみを放ちました。

いっしょにいた侍者のアーナンダ長老は、ブッダを守るためにブッダの前に出て立ちはだかろうとしましたが、ブッダは後ろに下がるように言いました。このゾウには、慈しみを放つだけで十分だということを知っていたのです。

ブッダの慈しみは、たちまちゾウの心に影響を与えました。ブッダのもとに近づくまでに、ゾウはすっかりおとなしくなり、ブッダの前で恭しくひざまずいたのです。

慈しみは本来、心の自然なはたらきですが、欲と怒りと無知の下に押さえつけられ、埋もれてしまっています。慈しみは、智慧と気づき（マインドフルネス）をとおして育っていくものです。他人が自分の心に慈しみを育ててくれることはできません。自分で自分の心に慈しみを見いだし、注意深く育てていかなければならないのです。

エゴが消えたとき、慈しみはおのずとあらわれるでしょう。

ジョセフ・ゴールドシュタインは、このように加えています。

「慈しみは生命を差別することなく、すべての生命を受け入れます。慈しみに包まれない生命はいません」

慈しみは、仲のよい友人といるときに感じるような心地よいあたたかさであり、すべての生命は互いにつながっているという感覚です。人はだれでも自分の幸せを望んでいます。それに照らしてみれば、他の生命もみな、自分の幸せを望んでいることがわかるでしょう。

そこで私たちは、「生きとし生けるものが互いに調和し、感謝し合い、適度な豊かさで、心地よく暮らせますように」という慈悲の願いを、全生命に向けて広げるのです。

だれの心にも、慈しみの種はあります。しかしその種を、努力して育てていかなければなりません。

心が頑固で、神経質で、緊張し、不安や悩み、恐怖でいっぱいなら、自然で豊かな慈しみの能力は花開きません。慈悲の種を育てるには、心がリラックスしていなければならないのです。マインドフルネスを実践すると、心は穏やかになります。心が穏やかなら、他人とのいさかいを水に流し、相手の過ちやだめなところ、欠点などをゆるすことができるでしょう。このようにして、慈しみが心のなかで自然に育っていくのです。

まず、思考から慈しみの実践をはじめましょう。私たちの頭のなかは、いつでも見解や意見、信念、考えでいっぱいです。生まれ育った文化、伝統、教育、これまで関わった人、経験したことなどに条件づけられているのです。こうしたさまざまな条件づけから、偏見や価値判断を身につけてきました。それが強固になり、自然な慈しみの能力を押さえつけているのです。

それでもこの混乱した頭のなか、穏やかに「他者と仲よくしよう」という慈しみの思考が生じることも、ごくたまにあります。これはちょうど稲妻がひらめいた瞬間、そのすきまから一瞬、木がちらりと見えるようなものです。慈しみが一瞬、垣間見えることもあるのです。

リラックスし、ネガティブな思考を手放すにつれ、自分の偏った見方に気づき、それに影響されなくなっていくでしょう。その後、慈しみの思考が輝きだし、真の強さと美しさがあらわれるのです。

すでに述べたように、仏教が育てようとしている「慈しみ」は、一般的に理解されている「愛」とは異なります。

私たちが「だれかを愛している」と言うとき、それはたいてい相手の性格やふるまいを見たり聞いたりして感じた自分の主観的な好みにすぎません。相手の外見、しぐさ、ものごとの考え方、声、態度に惹かれているだけなのです。

でも、こうしたさまざまな条件は変化するものですし、自分の好みや関心、興味も変化します。「愛」と呼んでいるものも、変わっていくのです。

この裏表のある愛は、極端な場合、憎しみに変わることもあります。愛には憎しみがつきものです。ある人を愛しますが、別の人を憎みます。いま愛していますが、しばらくすると憎みます。愛したい気分のとき愛しますが、愛したくないときは愛しません。あらゆることが順調でバラ色のときは愛しますが、うまくいかなくなると憎むのです。

このように、愛が時や場所、状況によって変わるなら、それは慈しみでも、ブッダが説く善い思考でもありません。性欲かもしれませんし、物質的な安定を求める欲かもしれません。愛されたいという欲や、別のかたちの欲かもしれないのです。

一方、慈しみには、裏の動機がありません。したがって、たとえ状況が好ましくない方向に変わったとしても、慈しみが憎しみに変わることはないのです。見返りがなくても、怒りません。すべての生命にたいしてつねに思いやりをもって行動し、その人がいるときも、いないときも、慈しみで話すのです。

慈しみが十分に成熟すると、すべての生命を、例外なく、慈しみで包み込むことができるでしょう。慈しみには限界も境界もありません。いかなる差別も、偏見も、好みも入れずに、「生きとし生けるものが、現在だけでなく、限りない将来にわたっても、幸せでありますように」と願うのです。

第2章　慈悲の瞑想

私たちは、慈しみです。慈しみは人の本質であり、ひとりひとりの本質です。しかし、その慈しみは、欲と怒りと無知に覆い隠され、見えなくなっているのです。

では、欲と怒りと無知を取り除き、慈しみという本来の性質を生じさせるためには、どうしたらよいのでしょうか？

それは、思考を善《ぜん》で満たすことです。それだけでよいのです。ブッダはその方法を教えてくださいました。それが「慈悲の瞑想」です。

慈悲の瞑想をするときには、一般的に、言葉を使って思考を慈しみで満たします。しかし、慈悲の言葉は魔法の言葉ではありません。言葉を唱えるだけでは効果がないのです。

実践し、言葉ひとつひとつの意味を心から感じとらなければなりません。努力し、くり返し実践することによって、心は慈悲に満たされていくのです。

他者にたいして慈しみ（慈《じ》）や思いやり（悲《ひ》）、共感的な喜び（喜《き》）、平静さ（捨《しゃ》）を向けているときはかならず、心も思考も自然に無理なく「慈・悲・喜・捨」で満たされています。この清らかな性質が心に根づいたとき、怒りや欲はおのずと消えるのです。

これから慈悲の瞑想のやり方をご紹介します。大切なのは自分でためし、実践することです。そうすることで、その効果をみずからたしかめることができるのです。

近年、スタンフォードやウィスコンシン大学、さまざまな機関の科学者たちが、慈悲の瞑想の効果について研究を進めています。

ある研究によれば、慈悲の瞑想をすると、やさしさや喜び、充実感、感謝、希望、興味、楽しみ、尊敬心が高まることがわかりました。このようなポジティブな感情は、マインドフルネスや目的意識、社会的支援など、個人のさまざまな能力を向上させ、病気を軽減させます。その結果、心が満たされ、うつ病になるリスクが低下するのです。

また、対人態度や対人感情が良好になり、援助行動、社会的つながり、思いやり、他者の苦しみへの共感反応が高まり、偏見が減ることもわかりました。

別の研究では、慈悲の瞑想をすることで、片頭痛、腰痛、うつ病、ＰＴＳＤ（心的外傷後ストレス障害）が減少し、統合失調症スペクトラム障害の症状も改善することが示されました。

慈悲の瞑想をすると、共感やＥＱ（心の知性）をつかさどる脳の領域がくり返し活性化され、鍛えられます。さらに、灰白質の量も増加することが示されています。

わずか一〇分間、慈悲の瞑想をするだけで、心はリラックスし、健康が増進し、アンチエイジングマーカーが増加したという研究もあります。

また、自己批判が減り、自分への思いやり（セルフ・コンパッション）が高まることも、別の研究で示されています。

しかし、こうしたことはすべて、ブッダが二五〇〇年以上も前に発見していたことなのです。

ブッダは、まず「私」を慈しむことから瞑想をはじめるよう教えられました。

次に、「私の親しい人」にたいして慈しみを向けます。

その後、慈しみの輪を外へと広げ、「私の嫌いな人や私を嫌っている人」へ、最終的には「生きとし生けるもの」にたいして慈しみを広げます。

慈悲の瞑想はいつでもできます。私がとくにおすすめしているのは、夜寝る前と朝起きてすぐの時間です。慈悲の瞑想をすると、夜は安眠し、朝はすっきり目覚め、日中は穏やかにすごすことができるのです。

慈悲が育てば育つほど、身体と言葉と思考でおこなう行為は、より有意義で、誠実で、あたたかく、自分にも他者にも役立つものになるでしょう。

「私」への慈しみ

自分にたいして慈しみを育てることから、慈悲の瞑想をはじめましょう。自分に慈しみがあれば、他者にたいして慈しみを向けやすくなります。自分のことを心から慈しむ人は、他者を害しません。これは慈しみの価値を知り、「世界中のすべての人が互いに慈しみで接するならどれほど幸せになるか」ということを理解しているからです。自分を慈しむことができなければ、他者を真に慈しむことはできません。『コーサラ・サンユッタ（Kosala samyutta）』で、ブッダは次のように説かれています。

心によってどの方向に行こうとも、
自分より愛しい者を見つけることはできない。
同様に、どの生命も自分のことが愛しい。
それゆえ、自分を愛する者は、
他者を害してはならない。

だれよりもまず、自分を慈しむことが大切なのです。

ブッダは、「欲（貪《とん》）・怒り（瞋《しん》）・無知（痴《ち》）は毒である」とおっしゃいました。私たちの心は、この貪・瞋・痴の苦しみに、支配されています。

『チュンダ・カンマラプッタ・スッタ（Cunda Kammaraputta Sutta）』において、ブッダは銀細工師のチュンダに、貪らないこと（不貪）・怒らないこと（不瞋）・無知がないこと（不痴）の実践をすすめました。これはたんに「自分や他者を害する貪・瞋・痴の行為をしない」というだけにとどまりません。「自分にも他者にも役に立つ行為をする」という意味もあります。積極的に寛大になり（不貪）、意識的に思いやりを向け（不瞋）、智慧を育てる（不痴）という意味があるのです。

少し時間をとって自分の心を見つめてみてください。貪らず、怒らずにいると、どのような気持ちになるでしょうか？　心に慈しみのスペースが生まれないでしょうか？　どんな経験をしますか？

実際に自分が経験していることを観察してみると、なぜブッダが私たちに慈悲を実践するようすすめたのかが理解できるでしょう。

たとえば人と話すとき、慈しみの心で話すなら幸せを感じます。別れたあとも、なごやかに会話し、相手がほほえみ、明るく笑っていたことを思いだすたびに、晴れやかな気持ちになるでしょう。

慈しみの心で「だれかのために何かをしよう」と考えるだけでも気持ちが明るくなります。

これは心が慈しみのエネルギーを限りなく生みだすからです。ですから、ふだんのように疲れることはありません。慈しみがあれば、他者のためにおこなう行動は、もはや骨の折れる義務にならないのです。

あなたのあたたかい思いやりややさしさによって、まわりの人は元気になり、ほっとするでしょう。また、みなが仲よくしているのを見ると、あなた自身も大きな喜びを感じるでしょう。しかし、欲や怒りがあるときには、このような心のやすらぎは少しも感じません。

ですから、見返りを求めず、名前を伏せて、慈しみを実践してください。慈しみがあれば、だれかに認められたいという欲が割り込んできても、慈しみはそれを追いだしますし、高慢が裏口のドアから侵入しようとすると、そのドアを閉めてくれます。

心の声に耳を傾けてください。正直に――。だれかにやさしい言葉で話しかけられると、どんな気持ちになりますか?

慈しみほど穏やかで心地よい感覚はほかにありません。慈しみは深い智慧と理解から生じているのです。

はじめて瞑想する方は、静かで落ち着いた場所を選んで座ってください。瞑想をはじめるときはいつでも、まず慈しみを内(自分)に向け、そして外(他者)に向け、次の言葉を唱えます。

私が、健康で、安穏で、幸せでありますように。
危害がありませんように。
困難にあいませんように。
問題が起こりませんように。
なにごともうまく成しとげられますように。
生きるうえで避けられない困難や問題が生じたとき、
忍耐、勇気、理解、決意をもって乗り越えられますように。

慈しみを心から感じましょう。その後、次の言葉を唱えてください。

私が、慈・悲・喜・捨で満たされますように。
寛大でありますように。
穏やかでありますように。
感謝で満たされますように。
リラックスしますように。
幸せで、安穏でありますように。
健康でありますように。

柔和でありますように。
善い言葉を話しますように。

意味をしっかり感じながら、次の言葉を唱えてください。

私が、見るもの、聞くもの、匂うもの、
味わうもの、触れるもの、考えるものすべてから、
慈・悲・喜・捨を育てることができますように。
寛大さとやさしさが育ちますように。
親しみをもって行為できますように。
その行為が、幸せとやすらぎをもたらしますように。
人格が育ちますように。
恐れ、緊張、不安、悩み、あせりがなくなりますように。
どこにいても、穏やかに、幸せに、慈しみの心で、
他者と接することができますように。
あらゆる方向で、欲、怒り、嫌悪、憎しみ、嫉妬、恐怖から、
守られますように。

「私の親しい人」への慈しみ

自分にたいして慈しみを向けられるようになると、親しい人にたいしても、慈しみを向けられるようになります。親しい人とは、親や先生、恩師、親戚、配偶者、子ども、友人たちです。
ここで紹介している慈悲の言葉をかならずしもそのまま唱える必要はありません。ただ、慈悲の意図と力を感じながら、親しい人にたいして慈しみを向けてください。

私の父・母が、健康で、安穏で、幸せでありますように。
危害がありませんように。
困難にあいませんように。
問題が起こりませんように。
なにごともうまく成しとげられますように。
生きるうえで避けられない困難や問題が生じたとき、
忍耐、勇気、理解、決意をもって乗り越えられますように。
私の父・母が、慈・悲・喜・捨で満たされますように。

寛大でありますように。
穏やかでありますように。
感謝で満たされますように。
リラックスしますように。
幸せで、安穏でありますように。
健康でありますように。
柔和でありますように。
善い言葉を話しますように。

父・母が、見るもの、聞くもの、匂うもの、
味わうもの、触れるもの、考えるものすべてから、
慈・悲・喜・捨を育てることができますように。
寛大さとやさしさが育ちますように。
親しみをもって行為できますように。
その行為が、幸せとやすらぎをもたらしますように。
人格が育ちますように。
恐れ、緊張、不安、悩み、あせりがなくなりますように。

どこにいても、穏やかに、幸せに、慈しみの心で、
他者と接することができますように。
あらゆる方向で、欲、怒り、嫌悪、憎しみ、嫉妬、恐怖から、
守られますように。

私の先生が、健康で、安穏で、幸せでありますように。
危害がありませんように。
困難にあいませんように。
問題が起こりませんように。
なにごともうまく成しとげられますように。
生きるうえで避けられない困難や問題が生じたとき、
忍耐、勇気、理解、決意をもって乗り越えられますように。

私の先生が、慈・悲・喜・捨で満たされますように。
寛大でありますように。
穏やかでありますように。
感謝で満たされますように。

リラックスしますように。
幸せで、安穏でありますように。
健康でありますように。
柔和でありますように。
善い言葉を話しますように。

先生が、見るもの、聞くもの、匂うもの、
味わうもの、触れるもの、考えるものすべてから、
慈・悲・喜・捨を育てることができますように。
寛大さとやさしさが育ちますように。
親しみをもって行為できますように。
その行為が、幸せとやすらぎをもたらしますように。
人格が育ちますように。
恐れ、緊張、不安、悩み、あせりがなくなりますように。
どこにいても、穏やかに、幸せに、慈しみの心で、
他者と接することができますように。
あらゆる方向で、欲、怒り、嫌悪、憎しみ、嫉妬、恐怖から、

守られますように。
私の親戚が、健康で、安穏で、幸せでありますように。
危害がありませんように。
困難にあいませんように。
問題が起こりませんように。
なにごともうまく成しとげられますように。
生きるうえで避けられない困難や問題が生じたとき、
忍耐、勇気、理解、決意をもって乗り越えられますように。

私の親戚が、慈・悲・喜・捨で満たされますように。
寛大でありますように。
穏やかでありますように。
感謝で満たされますように。
リラックスしますように。
幸せで、安穏でありますように。
健康でありますように。

柔和でありますように。
善い言葉を話しますように。

親戚が、見るもの、聞くもの、匂うもの、
味わうもの、触れるもの、考えるものすべてから、
慈・悲・喜・捨を育てることができますように。
寛大さとやさしさが育ちますように。
親しみをもって行為できますように。
その行為が、幸せとやすらぎをもたらしますように。
人格が育ちますように。
恐れ、緊張、不安、悩み、あせりがなくなりますように。
どこにいても、穏やかに、幸せに、慈しみの心で、
他者と接することができますように。
あらゆる方向で、欲、怒り、嫌悪、憎しみ、嫉妬、恐怖から、
守られますように。

私の友人が、健康で、安穏で、幸せでありますように。

危害がありませんように。
困難にあいませんように。
問題が起こりませんように。
なにごともうまく成しとげられますように。
生きるうえで避けられない困難や問題が生じたとき、
忍耐、勇気、理解、決意をもって乗り越えられますように。

私の友人が、慈・悲・喜・捨で満たされますように。
寛大でありますように。
穏やかでありますように。
感謝で満たされますように。
リラックスしますように。
幸せで、安穏でありますように。
健康でありますように。
柔和でありますように。
善い言葉を話しますように。

友人が、見るもの、聞くもの、匂うもの、
味わうもの、触れるもの、考えるものすべてから、
慈・悲・喜・捨を育てることができますように。
寛大さとやさしさが育ちますように。
親しみをもって行為できますように。
その行為が、幸せとやすらぎをもたらしますように。
人格が育ちますように。
恐れ、緊張、不安、悩み、あせりがなくなりますように。
どこにいても、穏やかに、幸せに、慈しみの心で、
他者と接することができますように。
あらゆる方向で、欲、怒り、嫌悪、憎しみ、嫉妬、恐怖から、
守られますように。

「好きでも嫌いでもない中立的な人」への慈しみ

生命のなかで、私たちが強い感情を抱いていない生命の数は最も多いものです。親しい人に

たいして慈しみを向けたら、今度はふだん何も思いを向けることのない中立的なすべての人にたいして慈しみを広げましょう。

好きでも嫌いでもない中立的な人が、
健康で、安穏で、幸せでありますように。
危害がありませんように。
困難にあいませんように。
問題が起こりませんように。
なにごともうまく成しとげられますように。
生きるうえで避けられない困難や問題が生じたとき、
忍耐、勇気、理解、決意をもって乗り越えられますように。

好きでも嫌いでもない中立的な人が、
慈・悲・喜・捨で満たされますように。
寛大でありますように。
穏やかでありますように。
感謝で満たされますように。

リラックスしますように。
幸せで、安穏でありますように。
健康でありますように。
柔和でありますように。
善い言葉を話しますように。

好きでも嫌いでもない中立的な人が、
見るもの、聞くもの、匂うもの、
味わうもの、触れるもの、考えるものすべてから、
慈・悲・喜・捨を育てることができますように。
寛大さとやさしさが育ちますように。
親しみをもって行為できますように。
その行為が、幸せとやすらぎをもたらしますように。
人格が育ちますように。
恐れ、緊張、不安、悩み、あせりがなくなりますように。
どこにいても、穏やかに、幸せに、慈しみの心で、
他者と接することができますように。

あらゆる方向で、欲、怒り、嫌悪、憎しみ、嫉妬、恐怖から、守られますように。

「私の嫌いな人・私を嫌っている人」への慈しみ

慈悲の瞑想の四番目の対象は、敵対者です。対立や反感を抱いている人にたいして、慈しみを向けるのです。

なぜ、そのような人にも慈しみを向けるのでしょうか？

理由は簡単です。彼らが幸せで穏やかなら、対立する必要がないからです。もし彼らに問題も、苦しみも、痛みも、悩みも、神経症も、精神病も、妄想も、恐怖も、緊張も、不安もなければ、あなたを害することはしないでしょう。

嫌いな人や自分を嫌っている人を慈しむことは、慈悲の瞑想の応用です。もし彼らに慈しみを向けることで、相手が自分の力で自分の問題を乗り越えられるよう手助けできたなら、お互い穏やかで幸せに暮らせるでしょう。

慈悲の瞑想のどのステップも、目的は「自分の心を清らかにする」ことです。このことをしっかり心に留めて瞑想すれば、偏見や先入観、差別、憎しみを抱くことなく、慈しみを実践することができるでしょう。私たちのこの清らかな行為によって、相手は自分で自分の悩みや苦しみを軽減できるようになるのです。

このように、心に慈しみのある人は、他者を助けることができますが、慈しみのない人には、助けることができません。

慈しみを実践する人にとっては、相手を見くだし軽蔑するよりも、「生きとし生けるものが幸せでありますように」という清らかな思考を育てるほうが心地よいのです。

この清らかな思考は、清らかな言葉や行動としてあらわれます。このようにして、慈しみを思考と言葉と行動で実践するのです。

自分に問題をもたらす人にたいして、次のように慈しみの思考を育ててください。

私の嫌いな人・私を嫌っている人が、
健康で、安穏で、幸せでありますように。
危害がありませんように。
困難にあいませんように。
問題が起こりませんように。
なにごともうまく成しとげられますように。
生きるうえで避けられない困難や問題が生じたとき、

忍耐、勇気、理解、決意をもって乗り越えられますように。
私の嫌いな人・私を嫌っている人が、
慈・悲・喜・捨で満たされますように。
寛大でありますように。
穏やかでありますように。
感謝で満たされますように。
リラックスしますように。
幸せで、安穏でありますように。
健康でありますように。
柔和でありますように。
善い言葉を話しますように。

私の嫌いな人・私を嫌っている人が、
見るもの、聞くもの、匂うもの、
味わうもの、触れるもの、考えるものすべてから、
慈・悲・喜・捨を育てることができますように。

寛大さとやさしさが育ちますように。
親しみをもって行為できますように。
その行為が、幸せとやすらぎをもたらしますように。
人格が育ちますように。
恐れ、緊張、不安、悩み、あせりがなくなりますように。
どこにいても、穏やかに、幸せに、慈しみの心で、
他者と接することができますように。
あらゆる方向で、欲、怒り、嫌悪、憎しみ、嫉妬、恐怖から、
守られますように。

「生きとし生けるもの」への慈しみ

目を閉じて、宇宙全体を想像してみてください――大地や星、あなたがこれまで経験したこと、考えたこと、出会ったもの、これから出会うであろうものを想像できるでしょうか？　思い浮かべてみてください。静かに呼吸し、心のなかに慈しみを生じさせるのです。

慈しみを感じたら、その慈しみを全宇宙の生命にたいして――東・西・南・北・上・下の六

つの方角へ――広げましょう。

六つの方角に広げる目的は、「自分の心を清らかにし、あたたかい慈しみを経験すること」です。

このとき、だれか特定の個人を思い浮かべると、感情的に引き込まれてしまう可能性があります。たとえば好きな人にたいしては愛着が生じ、その人がいなくなったらどうしようと心配して、心が委縮するかもしれません。怖くなり、心を閉ざしてしまうのです。また、嫌いな人や自分を嫌っている人のことを思い浮かべるときも、腹が立って心は委縮するでしょう。

そこで、特定の個人を思い浮かべるのではなく、東・西・南・北・上・下すべての方角に慈しみを向け、生命すべてにたいして慈しみを広げます。これによって、心が開かれ、清らかになるのです。

生きとし生けるものにたいして、次のように唱えてください。

生きとし生けるものが、
健康で、安穏で、幸せでありますように。
危害がありませんように。
困難にあいませんように。
問題が起こりませんように。

なにごともうまく成しとげられますように。
生きるうえで避けられない困難や問題が生じたとき、
忍耐、勇気、理解、決意をもって乗り越えられますように。

生きとし生けるものが、
慈・悲・喜・捨で満たされますように。
寛大でありますように。
穏やかでありますように。
感謝で満たされますように。
リラックスしますように。
幸せで、安穏でありますように。
健康でありますように。
柔和でありますように。
善い言葉を話しますように。

生きとし生けるものが、
見るもの、聞くもの、匂うもの、

味わうもの、触れるもの、考えるものすべてから、
慈・悲・喜・捨を育てることができますように。
寛大さとやさしさが育ちますように。
親しみをもって行為できますように。
その行為が、幸せとやすらぎをもたらしますように。
人格が育ちますように。
恐れ、緊張、不安、悩み、あせりがなくなりますように。
どこにいても、穏やかに、幸せに、慈しみの心で、
他者と接することができますように。
あらゆる方向で、欲、怒り、嫌悪、憎しみ、嫉妬、恐怖から、
守られますように。

＊＊＊

慈しみの感覚を、感じてみてください。慈悲の言葉を唱えるとき、自分の身体や心にどのような感覚が生じるでしょうか？　観察してみてください。

次に、言葉を使うのをやめて、その感覚に留まり、感じてみましょう。

その後、その清らかな慈しみを全世界に広げるのです。

慈悲の瞑想では、対象を特定の地域や村、国だけに限定しません。境界を超え、全世界に向けて慈しみを広げるのです。

みなさんのなかには、「私の家族が……、私の村が……、私の国が……守られますように」と神々に祈っている方もいらっしゃるかもしれません。しかし、このように祈るとき、慈悲の瞑想に制限をかけているのです。

私たちはたいてい、他の家族や村、国で何が起ころうと、無関心でいます。あるいは他の領土を躊躇なく侵略したりもします。これは部族本能であり、自他のあいだの壁を強める原始脳が働いているためです。

慈悲のネットワークのなかでは、私たちはみな家族であり、「生命」というひとつの家族です。すべての生命には苦しみと楽があり、その点でみな平等なのです。

全世界とは、自分の心のことです。家族や村、国というのは、頭のなかの概念にすぎません。心が慈しみで満たされると、そうした狭い概念は完全に消え、慈しみだけが残るのです。

宇宙が広大であるように、慈悲も広大です。慈悲はすべての生命を平等に包み込みます。ですから、「小さな生命には少量の慈しみを、ゾウやクジラなど大きな生命には多くの慈しみを向ける」とか、「嫌いな生命には低い質の慈しみを、家族や親友には高い質の慈しみを向ける」ということはできません。

慈しみは、いかなる生命も差別しません。生命にたいして向ける慈しみの質や量は、みな平等なのです。

慈しみを、上に、下に、そして四方八方へと広げましょう。宇宙のほんの小さな空間も、すべて慈しみで満たすのです。そうすれば、この清らかなやすらぎに影響されないところはなくなるでしょう。

慈悲の瞑想をしているとき、自分と宇宙とのあいだには何も壁がありません。他の生命とのあいだにも壁がありません。慈しみは全体を満たし、宇宙の果ての隅々まで、例外なく広がっていくのです。

慈しみを自分自身に、そして生きとし生けるものにたいして限りなく広げましょう。

第3章　慈しみを育てる8つの方法

『増支部経典《ぞうしぶきょうてん》』には、慈しみを育てるための8つの方法が説かれています。この8つは、互いに支え合いながら育っていきます。

また、ブッダはこのようにもおっしゃっています。

「比丘《びく》たちよ、慈しみによる心の解放から生じる利益が11あります。慈悲をくり返し、育て、増幅させ、基盤にし、土台にし、経験し、習慣にし、十分に実践しているならば、その者は11の利益が得られます」

この「慈悲の11の利益」については、第6章でご説明いたします。本章では「慈悲の8つの方法」についてご紹介しましょう。

①くり返して関連づける

心を慈しみに関連づけると、大きな利益が得られます。

ご自分の思考や行動を観察してみてください。慈しみが働いているでしょうか？

これを、しなければならない義務としてではなく、楽しみながら観察するのです。そうすれば慈しみが習慣になり、怒りや恐れは少しずつ消えていくでしょう。

慈悲の瞑想は、ひとりでもグループでもできます。ひとりでするときは、静かな声で慈悲の言葉を唱えたり念じたりしてください。

私は個人的にブッダが説いた『慈経《じきょう》』（付録「実践1」二〇八ページ参照）をおすすめします。また、付録「実践2」（二一五ページ参照）には「慈悲の瞑想」を四種類ご紹介していますので、ご参照ください。

『慈経』には、強力な癒しの効果があります。ですからアジアの多くの国々では、出産時や結婚式、引っ越し、朝夕の読経、食事の前、身内が病気になったときなど、さまざまなときに『慈経』を唱えています。

みなさんもくり返し唱えたり読んだりしてみてください。そうすれば、慈しみが心に定着するでしょう。

慈悲の瞑想をくり返し実践していると、日常生活のなかで何か問題が起こったとき、慈しみが生じて、問題を解決できるよう助けてくれるのです。

②育てる

みなさんは植物を育てるとき、どのようにしますか？

まず、雑草や石、根を取り除いて土の下ごしらえをします。土壌を肥やし、それから種や球根を植えるでしょう。でも、種や球根はまだ弱いですから、世話をして育てなければなりません。適切に育てると、やがて芽が出て、花が咲き、実がなるのです。

慈しみも、植物を育てるように育てます。

まず、慈しみの成長を妨げる5つの心の妨害物（五蓋《ごがい》——貪欲《とんよく》・瞋恚《しんに》・惛忱睡眠《こんじんすいめん》・悼挙後悔《じょうこごけ》・疑《ぎ》）を取り除きます。そのためには、欲と怒りと無知にエネルギーを与えないようにする「気づき（マインドフルネス）の瞑想」をするとよいでしょう。心の妨害物（五蓋）に関しては、拙著『マインドフルネス——気づきの瞑想』と『8（エイト）マインドフル・ステップス』で詳しく説明していますので、よろしければ参考にしてください。

次に、慈悲の瞑想の言葉とその意図を、くり返し念じたり唱えたりします。くり返すことで、心に慈悲の習慣が育ち、慈しみの心で生きやすくなるのです。くり返せばくり返すほど、心に慈しみが育っていくでしょう。

気づき（マインドフルネス）は、ブッダの教えのなかで最も重要な教えのひとつです。ブッダは悟りを開いた日から八〇歳で涅槃《ねはん》に入られるまで、ほぼすべての教えのなかで気づきを強調して説かれました。そして、慈悲を気づきと同等に重要な実践であるとみなし、高く評価されたのです。『慈経』を読むと、このことがわかるでしょう。

気づきは、私たちが心を育てるために欠かせないものです。この気づきによって、慈悲を見いだしたり、保ったりすることができるのです。

しかし、気づきだけでは十分ではありません。慈悲がなければ、エゴという狭い殻をうまく壊すことはできないのです。

とはいえ、気づきは慈悲を育てるために欠かせない基盤です。このように、気づきと慈悲はいつもいっしょに育っていくのです。

慈悲は、欲や怒り、無知から心を守ってくれます。ですから、心に慈悲を育ててください。生きとし生けるものにたいして「幸せでありますように」と願うのです。

③増幅させる

オリンピック選手は、日々多大な努力をして熱心に練習を重ねています。なかには幼少期からはじめる人もいるほどです。

私たちが慈悲の瞑想をするときも、このオリンピック選手と同じくらい熱心にとりくまなければなりません。つねに実践するなら、心にやすらぎが広がるでしょう。これは、身体に最高級の食材を摂り入れるようなもので、心に「慈悲」という最高級の栄養を摂り入れるのです。

全世界へ、そしてすべての生命へと慈悲を広げるのが上手になればなるほど、慈悲の力はますます強く、影響力は大きくなり、慈悲が増幅していくでしょう。

慈しみが育つにつれ、慈しみはますます安定します。だれかがあなたに向かって激しく怒っているときでさえ、落ち着いて、穏やかにいられるでしょう。心に慈しみがあれば、平静でいられるのです。

さらに、心が慈しみで満たされていると、怒っている相手を助けることができます。その人が怒りでどれほど苦しんでいるのかも理解できるでしょう。こちらが落ち着いて、穏やかな気持ちで対応すれば、相手も影響されて落ち着きます。自然にそうなるのです。

④乗りものにする（基盤にする）

「乗りもの」のことをパーリ語で"yāna《ヤーナ》"と言います。この"yāna"は、実践法や部派をあらわすときにも使われます。

ブッダは慈悲を乗りものにたとえられました。この乗りものに乗れば、慈悲が生き方の手段になります。つまり、慈悲の心で自分の人生に向き合い、他の生命に接するための手段になるのです。

ブッダは、二種の思考に関する法話『双考経《そうこうきょう》(Dvedhāvitakka sutta)』において、「心でくり返すことは習慣になる」と教えています。

慈悲が習慣になると、心はやすらぎ、幸せになります。立っているときも、座っているときも、歩いているときも、話しているときも、仕事をしているときも、眠っていないときはいつでも、心は慈しみで満たされ、やすらいでいるのです。

この状態まで達すると、もはや頑張って慈しみを育てる努力をする必要はありません。慈しみはいつでも心にあり、私たちが感情的に反応したり身がまえたりしないよう、よい習慣として心に広がっているのです。

「慈しみ」という乗りものに乗るなら、心は欲や怒り、無知から解放され、神聖な道を進んでいくでしょう。

慈しみを基盤にして生きることで、悟りへの要素をすべて実践することができるのです。

⑤土台にする

慈悲を、幸せを育て、落ち着きを養い、心を統一するための土台にしましょう。身体と言葉と思考において、善い行為をするための土台にしましょう。戒律を守り、施し、分かち合うための基盤にし、生きる土台にしましょう。

土台とは、安定しているということです。慈悲の瞑想が安定すると、心のやすらぎや幸せも安定します。安定した幸せは、些細なことで壊れません。

慈悲を土台にして生きることで、心は安定し、簡単に統一するのです。

⑥経験する

慈悲は、哲学でも理論でもありません。実践して経験するものです。つねに実践することで、慈しみを直接経験することができるでしょう。

慈しみを日常生活のなかで実践し、経験してください。経験することが、何よりも重要なことです。なぜでしょうか？

経験し、心から生じるものは何であれ、他者に深く影響を与えるからです。ブッダはみずから実践し、心から「法」を説きました。それで、聴く人々の智慧の扉が開かれたのです。

ブッダは、「まず自分が実践し、その後、他者に教えるように」とおっしゃっています。自分が実際に体験しているときにだけ、他者を助けることができるのです。

慈しみを実践するときは、人に認めてもらおうとしないでください。実践していることを、だれかに知らせたり教えたりする必要はありません。黙って実践するのです。この気持ちで生活することが慈悲の実践であり、このようにして心に慈悲が育っていくのです。

「習うより慣れろ」ということを忘れないでください。

⑦習慣にする

慈悲を実践すると、心は落ち着き、穏やかで、幸せになります。一度だけでも実践すれば、慈悲がどのようなものか、その感触がつかめるでしょう。

しかし、習慣にするためには一度の実践だけでは足りません。呼吸やまばたきのように、自動的な反応になるまで慈悲をくり返し、育てていかなければならないのです。

それには他人が見ているかどうかや感謝してくれるかどうかにかかわらず、瞑想で身につけたことを行動に移し、習慣にしなければなりません。

有名なことわざがあります。

行動の種をまき、習慣を刈りとる。
習慣の種をまき、人格を刈りとる。
人格の種をまき、人生を刈りとる。

これが、習慣の力です。

⑧十分に実践する

欲と怒りは、あらゆる苦しみの根源です。この苦しみを乗り越えるために、私たちは慈しみを実践するのです。苦しみを完全に滅するためには、十分に実践しなければなりません。では、どうすれば十分に実践できるのでしょうか？

慈しみの思考で一日をスタートさせるのです。朝起きたらすぐにこう決意してください――

「今日一日、元気で穏やかにすごそう」と。朝いちばんに決めることは、その日一日の心に強く影響を与えるのです。

まず、自分にたいして慈しみと思いやりを向けます。自分を大切にし、やさしくするのです。考えるときも、話すときも、行動するときも、自分を傷つけないようにしてください。

もし、だれかに傷つけられたなら、その人をゆるしましょう。

自分を他人よりも高い位置に置かないようにします。どんな人にも弱い面があるということを理解しなければなりません。

こうしたことすべてが、根本的な苦しみを真に理解する扉を開いてくれるのです。苦しみを真に理解するとき、一日をとおして、また一生を通じて、十分に実践することができるでしょう。

＊　＊　＊

これら8つの方法はどれも、慈悲の瞑想をしたり、『慈経』を唱えたりするときだけでなく、ふだん考えているときも、話しているときも、行動しているときも、日夜たえず意識して実践しなければならないことです。

思考と言葉と行動に慈悲が浸透しているなら、これら8つが常にはたらいているということです。これによって、人生はよりスムーズに、よりまっすぐに流れていくでしょう。他の生命もあなたの慈しみを感じるにちがいありません。

第4章　穏やかな心でいる練習

慈悲の瞑想は、私たちが幸せになり、穏やかな心でいるための、やさしい実践法です。心のなかで慈悲の言葉を感じたり、思い浮かべたりできるでしょうか？　やってみてください。もし形でイメージできるなら、その輪郭――内側や外側も思い描いてみてください。『慈経《じきょう》』を唱えたり、ふだんの生活で正直に穏やかにすごすことで慈しみを育てているとき、そのイメージを心に留めておくとよいでしょう。

自分が正直でいるなら、自分を信頼できますから、他人を信頼することもできます。自分を信頼するとは、恥ずかしいと思う弱い面も含めて自分を知るということです。信頼するためには、自分を正直に観察し、慈しみの心で生きる努力をしなければなりません。

一見、矛盾しているように見えますが、自分の弱さやもろさ、頼りなさを知ると、心は安心して穏やかになるのです。

これは賢者が称賛するよい観察です。この観察をつづけてください。観察するときには、自分の強い面と弱い面の両方を見る必要があります。正直に観察するなら、心は穏やかになり、苦しみから解放されるでしょう。

だれもが苦しみを抱えています。ですから、互いに支え合わなければなりません。慈しみをしっかり実践することで、この上ない安穏と平和が心にもたらされるのです。

この平和は、国と国が交渉で締結する平和条約のようなものではありません。心で経験する精神的な平和なのです。平和で幸福に生きるためには、慈悲が欠かせません。この慈悲が、自分にも社会にも調和をもたらすのです。

慈悲は、私たちの人生そのものです。慈悲を人生から切り離して、孤立して実践することは不可能です。

また、慈悲の瞑想は、選ばれた少数の者たちだけに伝えられる秘儀の瞑想ではありません。慈悲に秘密はありません。私たちの心にはいつでも慈悲がありますが、欲や怒り、無知など何十もの煩悩《ぼんのう》の層に覆われて、意識下に押さえつけられているのです。

たとえば植物を育てようとするとき、私たちはまず雑草を取り除いてから種を植え、花が咲くよう環境をととのえます。花はたいてい柔らかくて肥沃な土壌から育つものです。乾燥した硬い土壌からは育ちません。

これと同じように、慈しみを実践すると、心に肥沃な土壌がつくられます。これによって、日々穏やかに生きることができるのです。

慈しみは本来自然なものであり、人の心の一部です。子どもは心が柔軟ですから初めて会う子どもともすぐに仲よくなりますが、大人は頑固です。それでも神経質にならずに、親しみをもって他者と接することはできるのです。

たとえば初対面の人とでも、素直な心で「おはようございます」「こんにちは」「こんばんは」とあいさつをすることができるでしょう。自分から声をかけるようにしてください。心から敬意をもって思いやりを示すのです。

相手がどのような反応をしようと、慈しみで接することが大切です。慈しみがあれば、自分から話しかけることができますし、ほほえむこともできるでしょう。

慈悲の瞑想は、正直な心でおこなうことが大切です。瞑想では、

「私が健康で、安穏で、幸せでありますように。父母や先生、親戚、友人など私の親しい人が……、好きでも嫌いでもない中立的な人が……、私の嫌いな人や私を嫌っている人が……、生きとし生けるものが……、健康で、安穏で、幸せでありますように」

などと念じますが、このとき自分の心を正直に観察しなければなりません。

あるいは、人に「おはようございます」「こんにちは」「こんばんは」とあいさつをするとき、自分の心に正直に気づいてください。

正直に自分とまわりの世界を観察しているなら、たとえ相手があいさつを返してくれなくても、心は穏やかなままですし、相手の幸せを願うこともできるでしょう。

私がワシントンDCのお寺に滞在していたとき、CBSイブニングニュースで印象深いインタビューが放送されていたのを覚えています。

ワシントンDCのベルトウェイ（DCと周辺を囲む環状道路）のそばに住むご老人が、毎朝、家の前に出て、車で通勤する人たちに「おはようございます、よい一日を！」と手をふり、夕方になると「こんばんは、気をつけてお帰りください！」と声をかけているのです。

ニュースキャスターのダン・ラザーは、このご老人を取材しました。

「すみません、どうしてそのようなことをなさっているのですか？　だれもあなたのことを見たり聞いたりしていないようですが……。時間の無駄ではありませんか？」

「無駄ではありませんよ、ラザーさん。だれも気づいていないことはわかっています。私はただみなさんに〝おはようございます、よい一日を〟〝こんばんは、気をつけてお帰りください〟と声をかけ、心底そう願っているだけなんです」

数年後、このご老人が亡くなったとき、ダン・ラザーがそのときのVTRをニュースで放送したのです。

あの方は他人に認められたいと思うことも、見返りを求めることもせず、また自分に気づいてくれるかさえも気にせずに、清らかな心であいさつし、みなの幸せを願っていました。私は彼の深い慈しみに胸を打たれました。

慈しみを実践することは、自分の心の傷を癒すことでもあります。たとえば自分が慈しみで接していても、相手はネガティブな反応をしたり、無視したりするかもしれません。相手がどう反応するかはわからないものです。

もし相手の反応にたいして腹を立てたり、いやな気分になったりしたら、自分の心に怒りの棘が刺さります。

刺さったときには、慈悲で対処してください。相手を慈しみ、やさしく接することで、棘を抜くことができるのです。このような心持ちでいることは、仏弟子としてのまっすぐな姿勢をあらわすことになるでしょう。

私たちは曖昧ではなく、まっすぐ、正直でなければなりません。そうすれば自分の善いところも悪いところも受け入れ、自分を慈しむことができるでしょう。

自分は慈しみを向けるに値《あたい》しない、と思っている方もいるようですが、そのようには考えないでください。もし自分が自分を慈しまなければ、だれが慈しんでくれるというのでしょうか？　自分ほど自分を慈しめる人はほかにいません。

自分を慈しみ、大切にすることは、わがままなことではありません。ですから、自分に害をもたらす薬物や飲酒、悪い食習慣、喫煙、愚かな行為、休養不足などで自分を傷つけないよう、心と身体を大切にしてください。まず自分を慈しみ、それからその慈しみを他者と分かち合うのです。

たとえば、相手を騙そうと嘘をついたら、相手を傷つけるよりも先に自分が傷つきます。他の生命を殺したり、与えられていないものを盗んだり、みだらな行為をしたりすると、最初に傷つくのは自分なのです。ですから自分を慈しみ、大切にしたければ、自分を害する行為をやめなければなりません。

自分を害する行為をやめると、正直さや注意力、智慧が育っていきます。こうして心は苦しみから解放されるのです。恐怖を拒絶することなく恐怖は消え、怒りを抑圧することなく怒りは消えていきます。慈しみは、私たちが仏道——真理の道——をまっすぐ歩めるよう、方向づけてくれるのです。

自分の心で何が起きているのか、慈しみがどのくらい心と身体に浸透しているのか、それがわかる人は自分以外にいません。

細胞ひとつひとつを慈しみで満たしてください。そうすれば、慈しみはおのずと外へ放たれるでしょう。

慈しみがあるふりをすることはできません。慈悲の実践は正直におこなうべきものです。また、いつでも自分にたいして慈しみを向けることからはじめなければなりません。自分自身に正直にこう言い聞かせてください。

私は心も身体も健康であってほしい。
だから、怒らないようにしよう。
怒りがどのように生じるのかを理解しよう。
自分を慈しみ、穏やかにいよう。
これまで心と身体を傷つける怒りのせいで、ずっと苦しんできた。
悪い癖が、私を傷つけてきた。
その癖を明晰に観察して、自分を慈しもう。

その後、慈悲の実践からあらわれる真理にそって生きるのです。

もしあなたが威張り散らし、乱暴で、人に意見を押しつけ、思考と言葉と行動で怒りをあらわにしているなら、まわりの人は離れていくでしょう。反対に、慈しみを実践している人は、紳士や淑女のようにやさしくなり、まわりから親しまれるのです。

傲慢にならないでください。うぬぼれず、謙虚に行動しましょう。ときにはだれかに自分の間違いを指摘されることもあるかもしれません。このとき、「人のことに口だしするな」「そっちだっていろいろやっているだろ」などと言い返さないようにしてください。自分を高く評価し、他人を見くだしているなら、慈悲の実践はむずかしくなります。

慈悲は、みなを等しく見るよう導いてくれます。生きるという旅路では、みな平等なのですから——。

私たちひとりひとりには、業《ごう》があります。したがって、高ぶらずにこう考えてください。

自分には苦しみがある。謙虚にならなければならない。
横柄になったり、傲慢になったりすべきではない。
生命はみな等しく、苦しみにさいなまれているのだから。

生きとし生けるものの幸せを願って、慈悲の瞑想をしましょう。謙虚になり、他者に注意を向けるのです。このようにしても、失うものは何もありません。

慈悲の瞑想は、戦う場ではありません。心にやすらぎを見いだし、調和して生きられるよう、心を訓練する場です。そこには高慢も、争いもありません。

だれもがみな、病気や老い、死にさいなまれています。死が訪れたときには、すべて置いて逝かなければなりません。いくら運動し、よい食事をとり、瞑想し、健康に気をつけていても、いつかは必ず死が訪れ、健康も財産も置いて逝かなければなりません。私たちが所有しているものは、業《ごう》だけです。

ですから、日々、慈しみですごしてください。そうすれば幸せになるでしょう。

第5章　慈しみを行動に

ベトナム戦争が終結してから一か月後の一九七五年五月。米国務省より電話があり、フロリダの難民キャンプで仏教チャプレンとして難民たちの精神的ケアに携わってほしいとの連絡を受けました。ベトナムから逃げてきた数えきれないほどのベトナム人が、フロリダに到着していたのです。

私は難民キャンプで奉仕した経験がなく、ベトナム語もフランス語も話せませんでしたが、「わかりました」と言い、承諾しました。その後、経験があり、フランス語の話せる友人ジョン・ガーゲスに電話をして、事情を話したところ、同行してくれることになりました。その二日後、私たちは軍用機に乗り、フロリダ州ペンサコーラ近郊にあるエグリン空軍基地に向かったのです。

難民キャンプに到着すると、バンガローに案内され、私の任務が説明されました。このキャンプにいる大勢の難民たちの傷ついた心を癒すよう仏教の礼拝をおこない、さらに私にできる精神的なケアをすることです。

ここにはすでにカトリックとプロテスタントの聖職者もいて、キリスト教に改宗したベトナム人に礼拝や祈りをおこなっていました。

私たちが到着して二時間ほどたったでしょうか。飛行機が着陸し、ぼろぼろの服を着た難民たちが大勢、ほとんど何も持たずに飛行機から降りてきました。

みなショックを受けている様子で、多くの人――なかでも子どもたちは泣いていました。病気を患っている人やケガをしている人、感情的に混乱している人もいます。大勢の人が、家族と離ればなれになったようです。知らない人の腕にギュッとしがみついている人もいました。臙脂《えんじ》色の法衣を着た私の姿を見て、ほっとしたのでしょうか。彼らのほおがゆるんだようです。なかにはワッと泣きだし、私の前にひざまずき、何度も礼をする人もいました。

このように、毎日、飛行機いっぱいに乗った難民たちが到着し、同じ状況がくり返されたのです。戦争で傷つき、未知の国に移動してきた多くのベトナム人にとって、なじみある法衣を着た仏教僧の姿は、もしかすると苦難から脱出するためのライフ・プリザーバーのように見えたのかもしれません。

そのような大きな苦しみに直面している人たちの心が少しでも楽になるよう心のケアを施すことは、私にとってやりがいがあることでした。それはむずかしいことではなかったのですが、厄介だったのは他宗教の聖職者たちです。助けを求めている何万人もの苦しんでいる難民たちを前にして、これを自分の宗教に改宗させる絶好の機会だと考えている人がいたのです。

宗教の礼拝は大きなテントでおこなわれ、各宗派の聖職者たちがそれぞれ順番に祈りや礼拝などをおこないました。私が礼拝をするときは祭壇に仏像を、カトリックやプロテスタントの聖職者たちが礼拝をするときは十字架を置いていました。

そのテントは、私の事務所用の小さなテントのとなりにありました。ある日、私が自分のテントで仕事をしていると、子どもたちが三〇人ほど礼拝用のテントに押し込まれているのが見えました。そのほとんどが一〇歳以下の小さな子どもたち。そばには熱心なプロテスタントの牧師がいます。

しばらくすると、テントから声が聞こえてきました。どうやら洗礼式をおこなおうとしているようです。私は急いでテントに行き、式を遮ってこう言いました。

「ヨセフ、あなたがしていることは間違っていませんか。これまでも、あなたがこのキャンプ場をまわって、子どもたちの親を説き伏せ、改宗させようとしているのを見ましたよ」

私たちは、子どもたちのほとんどがキリスト教徒に改宗させられていたのを知っていました。それは、難民を支援する宗教組織がすべてクリスチャンだったからです。子どもたちは別の場所に移動させられ、強制的にキリスト教の教会に行かされました。

しかし、それは苦しんでいる人たちを前にして、私たちがいまここですべきことでしょうか？

難民キャンプを出てもいないのに、ここで改宗させようとするのはおかしなことです。そこでヨセフにこう言いました。

「このキャンプにいる人たちは、海で溺れているようなものです。ここから逃れようと必死なのですから、あなたが話すことにはなんでもしがみつこうとするでしょう。そんな彼らを改宗させるのは間違っていませんか」

その足で基地内の国務省責任者のところに行き、起きていることを報告して、こう加えました。

「ここで改宗がおこなわれていることが知られると、この活動全体の評判が悪くなるのではないですか」

その翌日、難民キャンプの掲示板には、「難民キャンプで改宗させてはならない」との厳命がありました。

ただ幸い、改宗させようとする人はほんの一部で、聖職者のほとんどは他の宗教にたいして寛容的でした。

ある日、ベトナム人とアメリカ人の司祭と話しているときのことです。首に十字架と仏像のロザリオをかけていたアメリカ人の司祭が、

「今朝、この二本が絡まって、ほどけなくて困りましたよ」

と言いました。ベトナム人の司祭が、

「それはブッダとイエスをいっしょにすべきではないということだな」

と言ったので、私はすぐさま、

「いえいえ、そうではないと思いますよ。ブッダとイエスが互いに深く慈しみ合っているから切り離せないということでしょう」

と言いました。

私は世の中をいつでもこのように見ています。慈しみの気持ちが言葉になってあらわれた瞬間でした。


もうひとつ、私の任務がありました。保証人を探すことです。ベトナムから逃れてきた難民たちを家庭や地域で引きとり、住居や仕事を探す手助けをしてくれる人を見つけることでした。ある青年の保証人になってくれていた女性が、ある日、その青年といっしょに難民キャンプに来て、

「一か月ほど面倒をみていたけれど、彼をこちらに戻したい」

と言いました。そして、顔をしかめながら、

「クリスチャンだと思ったんです」

と言い、口を結んだのです。

「クリスチャンではないんですか?」

「違います」

不満をあらわにしました。

「彼の宗教は何ですか?」

「仏教です。隠していたのよ!」

吐き捨てるように言いました。

「では、保証人になる前、どうしてクリスチャンだと思ったんですか?」

「やさしくて行儀がいいからよ。忍耐強くて、いつも敬意をもって接してくれたわ。そういう人はクリスチャンに決まっている」

ここではこのような宗教上の偏見や差別にしょっちゅう出くわしました。

私が難民キャンプに来てからほどなく、地元の新聞に強固な口調で書かれた論評が掲載されていました。

「米政府は、なぜ納税者の税金を、難民キャンプにいる異教徒の貧しいベトナム人を助けるために使うのか? もしあわれな難民たちがクリスチャンにならなければ――筆者ははっきり言いたい――地獄に行かせろ、と。われわれの税金を、悪魔《サタン》の宗教を広げるために使うべきではない」

私は差別を受けたときはいつでも、慈しみで対応しています。相手の幸せを心から純粋に願い、執着も期待もせず、無条件で慈しみを実践するのです。

慈しみは、身体と言葉と思考のあらゆる善い行為の根底にある、基本的な原則です。宗教、文化、地理的環境、言語、民族の壁を超えています。心のやすらぎやあたたかいつながりを築く信頼できる道であり、みなの気持ちをひとつにまとめる普遍的で、不変なる真理なのです。

私たちが調和して暮らし、協力して働くためには、慈しみが欠かせません。人はそれぞれ意見が異なりますから、慈しみがどうしても必要です。そして、その慈しみを他の生命へと広げていくなら、私たちはより穏やかに、より幸せに暮らすことができるでしょう。

難民キャンプでは、私は日々、慈悲の力を使っていました。戦争で傷ついた人たちが、心理的・感情的な傷を癒す手助けを必要としていたからです。

自分にたいしても、慈しみを向ける必要がありました。苦境に追い込まれた人たちに向き合うために、精神的な強さを保たなければならなかったからです。

さらに、私の行動に反対していた人たちも、正直にいうと慈しみを必要としていました。

第6章　慈悲の11の利益

慈しみを実践するとき、理想的な社会も、完璧な社会も必要ありません。私たちが慈悲の瞑想をするのは、世界を救うためでも、完璧な社会を築くためでもありません。自分のため、心のやすらぎや幸せを得るために、瞑想するのです。心にもたらされる幸せ以外の効果はすべて副産物です。したがって、自分の心以外のところに意識を向けているかぎり、慈悲の瞑想はうまくいかないでしょう。

幸いなことに、自分の幸福は他者の幸福と密接に結びついています。ですから、自分のために慈悲の瞑想をすることは、他者のためにもなるのです。

ブッダは『慈悲の利益の経（Metta Nisamsa Sutta）』において、慈悲の瞑想から得られる11の効果について説かれています。この効果の多くが、現代の科学的研究で示されているのです。

①安眠できる

自分と他者に慈しみを抱きながら眠ると、心が落ち着いて、ぐっすり眠れます。

②快適に目覚める

夜ぐっすり眠ると、心と身体が休まり、朝すっきり目覚めることができます。リラックスした心と身体でその日一日を、家族や友人、親戚、隣人と、また初対面の人とさえ、誠実に、落ち着いて接することができるでしょう。新鮮に、よい気分で、喜びをもってすごすことができるのです。

③悪い夢を見ない

慈悲の瞑想をすると、何が起きてもしっかり直面できるようになります。また、悪い夢を見ないとブッダはおっしゃっています。

④人に愛される

すべての生命にたいして慈しみを抱いていると、身体がリラックスし、それが顔にあらわれます。身体は心を反映しています。あなたの正直で穏やかな顔を見れば、まわりの人たちは引きつけられ、あなたといっしょにいるのを心地よく思うでしょう。

⑤人以外の生命（動物や神々）に愛される

慈悲の瞑想をしていると、まわりに穏やかな雰囲気が醸しだされます。とくに子どもたちは慈しみのエネルギーを敏感に感じるでしょう。また、人以外の生命もそれを感じるのです！

以前、このようなことがありました。ある日、犬のブラウンを連れて外を散歩していたときのことです。あるカップルが向こうから歩いてきました。女性がブラウンの目の高さまで腰を落とし、やさしく話しかけたところ、ブラウンはしっぽをふってその慈しみを喜んでいましたが、男性の方は怖がっていたため、低い声で唸ったのです。

⑥神々に守られる

目には見えないものに導かれ、守られていると感じることもあるかもしれません。これを慈悲や恵みのようなものだと理解すれば、心は静謐になるでしょう。こうした感覚をもたらすエネルギーが実際にあるのかどうか、これがほんとうに事実かどうかは別として、ブッダはこれを慈悲の瞑想から得られる利益のひとつにあげられました。第1章でお話したように、森の修行僧たちが『慈経《じきょう》』の読誦をはじめたとき、森の霊たちの心がよい方へ変わったというエピソードを思い起こすとよいでしょう。

⑦火、毒、武器に害されない

仏典には慈悲の瞑想を深く実践することで、火や毒、武器から守られた「慈悲の熟練者たちの話」が記録されています。欲と怒りと無知は、火と毒と武器であり、私たちが心に慈悲を抱くことによって、これらの害から守られるのです。

ブッダは『燃焼経《ねんしょうきょう》（Āditta Pariyāya Sutta）』で、「害には三種ある。それは欲と怒りと無知である。この三種は剣のごとく、心のやすらぎを切りさいなむ」とおっしゃっています。

また、『増支部経典《ぞうしぶきょうてん》』では身体と言葉と心の武器について説かれていますし、『ウダーナ』では「彼らは口論し、いがみ合い、言い争い、言葉の剣で〝これが真理だ〟〝それは真理ではない〟と互いに突き刺し合う」と説かれています。

『ダンマパダ』には、「欲ほどの火はなく、怒りほどの不幸はなく、無知ほどの苦しみはない。そして安穏ほど大きな幸せはない」とあります。

慈悲の力について有名な話がありますので、ご紹介しましょう。ブッダの在世中、献身的な在家仏教徒のウッタラーが悲しんでいました。異教徒の男性と結婚したため、ブッダやお弟子様たちに二か月半も会うことができず、さびしい思いをしていたのです。

心配した父はウッタラーに、美しい遊女を雇って夫に仕えさせ、そのあいだ（雨安居《うあんご》の最後の二週間を）ブッダとお弟子様たちに食事を施したり、教えを聴いたりしてはどうかとすすめました。

ウッタラーは喜んで父のすすめに従いました。

ある日、ウッタラーの夫が邸宅の窓から裏の台所を眺めていると、汚れたエプロンをつけ、汗にまみれて働いている妻の姿が見えました。贅沢な暮らしを楽しまずに、雨安居のリトリートに参加しているウッタラーを見てばからしいと思い、笑いました。

その様子を見た遊女のシリマーは、妻を思って笑ったと勘違いして嫉妬を抱き、自分が正妻になれるよう、ウッタラーに害を加えようと考えました。そして大きな鍋にギー（油）を沸騰させ、裏の台所に持っていき、ウッタラーにかけようとしたのです。

シリマーが近づいてくるのを見たウッタラーは、その瞬間、心を慈しみで満たしました。その慈しみによって、害をまったく受けずにすんだのです。

ウッタラーの侍女たちは急いでシリマーをとらえ、押さえつけ、棒で打ったり蹴ったりしました。

しかし、このときウッタラーは侍女たちにやめるように言い、シリマーをかばって助けたのです。それから、あたたかいお湯でシリマーの身体をふき、薬草と油で身体をさすって傷の手当てをしました。

シリマーはウッタラーの前に手をついて謝り、ゆるしを請うと、ウッタラーは、「ブッダがゆるすなら私もゆるしましょう」と言いました。

翌日、シリマーはウッタラーとブッダのところに行き、ウッタラーを傷つけようとしたこと

を懺悔しました。ブッダはウッタラーに、

「シリマーが沸騰した油をかけようとしたとき、あなたはどのような気持ちでいたのですか？」

と尋ねました。ウッタラーは、

「彼女が私の夫に仕えてくれたおかげで、私は聖なる僧団のもとで二週間すごすことができました。ですからシリマーに感謝しています。怒りはなく、慈しみの気持ちだけがありました」

と答えました。

「すばらしい、ウッタラーよ」

ブッダはその行為を褒め、このように説かれました。

怒らないことで、怒りに打ち克ち、
施すことで、もの惜しみに打ち克ち、
真理を語ることによって、嘘に打ち克つ。

ウッタラーはブッダの助言を受けてシリマーをゆるし、シリマーはブッダに帰依したのです。

別の経典では、深く慈悲の瞑想をしていたため毒の害を被ることのなかったチューラシーワ長老のことも説かれています。

また、『ダンマパダ』の注釈書には、深い慈悲の瞑想によって武器の影響を受けずにすんだ四人の沙弥《しゃみ》(見習い僧)のお話も記されています。

慈悲の瞑想で慈悲に守られたのは仏弟子だけではありません。ある雌牛が仔牛にたいして深い慈しみを抱いていたことにより、射られた矢を免れ、いのちをとりとめたというお話もあります。

ブッダは、「六つの感覚──見る・聞く・匂う・味わう・触れる・思うこと──は燃えている」と説いています。これらの感覚は強力で、たったひとつの感覚でも心を燃やし尽くす力があるのです。

では、心が燃えないようにするためにはどうすればよいのでしょうか?

ブッダは、「事実を知ることである」と教えられました。マインドフルになり、感覚や状況からどのような影響を受けているのか、自分が何を経験しているのかということを観察するのです。

心を少し観察してみてください。欲と怒りと無知でどれほど燃えているでしょうか? どれほど傷ついているでしょうか?

慈悲の瞑想をすると、呼吸が穏やかになり、心に大きなやさしさやあたたかさが感じられます。それで自然に「すべての生命が穏やかに調和して暮らせますように」と願うことができるのです。

⑧心がすぐに統一する

慈しみはやさしさを生じさせます。そのやさしさによって、心は落ち着き、統一し、幸せになるのです。慈悲はほんとうにすばらしい生き方です。

⑨顔色が明るくなる

慈しみを実践すると、喜びが生じます。最初はほとんど気づかないかもしれませんが、喜びが増大すればするほど、慈しみが心と身体全体に広がり、それが顔にあらわれるのです。慈しみは、特定の時間や場所、条件に依存しません。一度、真の慈しみが生じると、この先ずっと心のなかで慈しみを保つこともできるのです。

心で起きていることは、顔にあらわれます。怒っているときには怒った表情が、穏やかなときには穏やかな表情があらわれます。ですから、まわりの人はすぐに気づくでしょう。慈しみのエネルギーは血流を介して広がり、心と身体全体に栄養を与えます。心が明るく、明晰になり、落ち着いて、穏やかになるのです。

⑩明晰な心でやすらかに死ねる

「やすらかに死ねる」と考えると、ほっとするのではないでしょうか。未解決の問題を抱えたまま死を迎えると、やすらかに死ぬことはできません。

心に慈しみがあれば、死が訪れたとき苦しみませんし、まわりの人も見届けやすくなるでしょう。

「ほんもののやすらぎ」と「見せかけのやすらぎ」は異なります。一見、元気にふるまったり、まわりの人を笑わせたりしていても、もし心に欲や怒り、無知が隠れているなら、死が訪れたとき、その明るさは消えるでしょう。

慈悲の瞑想をしていると、心の深い部分まで慈悲が浸透し、心が根もとから静寂になります。それで混乱なく、慈しみの心でやすらかに死ねるのです。

『増支部経典』には、慈悲を実践する者のなかで第一はサーマーワティー（ウデーナ王の第二の妃）であると、ブッダは述べています。

ある日、サーマーワティーは五〇〇人の侍女たちに慈悲の瞑想の指導をしていました。そのとき、その建物が焼かれ、中にいた侍女たちが全員、焼死してしまったのです。

建物に火をつけた犯人は、マーガンディヤーです。彼女は自分の美貌を誇りにし、多くの男性から求婚されていましたが、すべて断っていました。

ある日、彼女の父が、樹の根もとで静かに坐っているブッダの姿に引きつけられ、娘と結婚してくれるようブッダにお願いしました。

しかし、ブッダは「自分は一切の欲を乗り越えている」と言い、その願いを退けました。彼女は腹を立て、いつかブッダに復讐してやろうと心に決めたのです。

マーガンディヤーはやがてウデーナ王と結婚し、王の三番目の妃になりました。彼女は、サーマーワティーがブッダの認める在家の仏弟子であることを知っていました。そこで、五〇〇人の侍女たちと慈悲の瞑想をしているとき、その建物に火をつけたのです。中にいた人たちはみな、火にのまれ、亡くなりました。

建物が燃えているとき、サーマーワティーは五〇〇人の侍女たちにこう告げました。

「無数の生涯にわたって、この肉体は何度も燃やされてきました。生から死へ、また死から次の生へ転生するとき、気づきをしっかり保ってください」

彼女の力強い言葉は五〇〇人の侍女たちの心を奮い立たせ、今世の最期の瞬間を慈悲の心で終えることができました。肉体は炎に包まれ燃えてしまいましたが、心は解放されていたのです。

⑪現世で最上の悟り（阿羅漢《あらかん》）に達しなければ、死後、幸せの境涯に赴く

死が訪れたとき、最上の悟りに達していなくても、慈悲の瞑想を十分にしていれば、慈しみがもたらす穏やかな心によって、死後、天界（梵天界《ぼんてん》）に生まれ変わることができます。

天界が現実的なものか比喩的なものか、みなさんがどう考えるかにかかわらず、これによって慈しみを実践しようと励まされるのではないでしょうか。

第7章　無条件の慈しみ——母の愛

ブッダは人々に、「4つの清らかな心」を育てるようにすすめました。これをパーリ語で“brahmavihāra”《ブラフマビハーラ》（四梵住《しぼんじゅう》）といいます。“Brahma”《ブラフマ》には「崇高な」や「神々」という意味があり、高い境涯に住む生命（梵天《ぼんてん》）のことをあらわします。“vihāra”《ビハーラ》は「安住」という意味です。

この二つの語を合わせた“brahmavihāra”《ブラフマビハーラ》は、「崇高な慈《じ》（慈しみ）・悲《ひ》（思いやり）・喜《き》（共感的な喜び）・捨《しゃ》（平静さ）」に安住する」という意味になります。

この「慈・悲・喜・捨」を育てることによって、最も清らかな性質が心にもたらされるのです。

4つの心は互いに関連し合っています。ですからどれかひとつを育てれば、他の性質も育っていくのです。

では、「慈・悲・喜・捨」とはどのようなものでしょうか？　子育てを例にあげて考えてみましょう。優れた母親には「慈・悲・喜・捨」の4つの清らかな性質がそなわっています。

慈（慈しみ）

女性は自分が妊娠したことがわかると、その日からお腹の赤ちゃんにたいして、はかりしれないほどの愛情があふれてくるでしょう。赤ちゃんが元気に育つよう、できることは何でもし、ありったけの愛情と希望をそそぐのです。

妊娠中の母親がお腹の赤ちゃんにそそぐ愛情にはリミットがありません。どんなことでも大きな愛情で包み込みます。特定の条件に制限されることはありません。

慈しみもこれと同じです。慈しみにリミットはないのです。

悲（思いやり・あわれみ）

出産し、赤ちゃんがまわりの世界に興味をもちはじめると、親の心に思いやりやあわれみが育ちます。子どもが転んだり、膝をすりむいたり、頭をぶつけたりするたびに、心配するのです。子どもが痛がっていると、まるで自分がケガをしたかのように痛みを感じる親もいます。

この思いやり（悲）は、かわいそうという気持ちとは異なります。かわいそうと見る心は、自分と子どもとのあいだに距離を広げるのです。

これにたいし、思いやり（悲）は「子どもの痛みがなくなり、元気になりますように」と純粋に願う心のことです。これによって、子どもにたいして適切に対応することができるのです。

喜（共感的な喜び）

月日がたち、子どもは学校へ行くようになります。親は子どもに友だちができ、勉強やスポーツなどさまざまな活動をしているのを見ます。テストでよい点数をとったり、野球チームで活躍したり、学級委員長に選ばれたりするかもしれません。

子どもがうまくいっているのを見ると、親は嫉妬することも怨むこともなく、幸せで満たされます。自分のことのように喜ぶのです。どれほど喜びを感じるでしょうか。

同様に、他の人が成功しているのを見たとき、私たちは喜びを感じることができます。同じ分野で自分よりも成功している人を見たときでさえ、母が子どもの成功を素直に喜ぶように、その人の成功を喜ぶことができるのです。

私たちはたいてい他人の成功を見ると嫉妬するものですが、共感して喜ぶこともできます。その人のことを、いま成功しているすばらしい友人だと考えてください。その人が喜び、リラックスしている姿を思い描くのです。

現在、成功していなくても、過去において成功したことがあるのなら、それを思い起こして喜ぶこともできるでしょう。

また、現在も過去も成功していなくても、能力とスキルを磨いて、将来、成功するかもしれません。成功に向かって懸命に努力しているのを見ると、喜びを感じるでしょう。

家族や友人など親しい人にたいして「喜」を育てたら、次に、自分に直接関わりのない中立的な人がさまざまな面で成功しているのを思い浮かべましょう。彼らのことはほとんど知りませんが、成功しているのを見たり聞いたりすると、喜びが湧き上がってくるのではないでしょうか。

その後、嫌いな人や自分を嫌っている人のことを思い浮かべます。もし、その人が現在抱えているネガティブな感情を自分の力で乗り越えられたなら、あるいは過去において成功したことがあったり、将来成功する可能性がありそうなら、その人のことを喜べるのではないでしょうか。

それから、過去や現在、将来における自分の成功を喜んでください。

この「喜」の実践では、親しい人からはじめ、次に好きでも嫌いでもない中立的な人、それから嫌いな人・自分を嫌っている人へと喜びを広げていきます。自分の成功も喜びましょう。

捨（平静さ・落ち着き）

子育ての例に戻りましょう。

月日とともに子どもは成長します。学校を卒業し、独立し、結婚して、家族をもったりもします。このとき親は「平静な心」を実践するときです。

平静な心といっても、子どもに無関心になることではありません。子どもにたいしてできることはすべて成し終えたと理解して、落ち着くことです。

親は自分の限界を理解します。これからも子どものことを心配し、大切に思うことにかわりありませんが、もう子どもの人生の舵取りをしなくてもいいという気づきをもって、そうするのです。これが、平静さの実践です。

すべての人にたいして平静な心を向けましょう。好きでも嫌いでもない中立的な人へ、自分の親しい人へ、それから嫌いな人や自分を嫌っている人へ、そして自分にたいしても向けるのです。

平静さは、穏やかで清らかな心です。ひとたび真の平静さが身についたら、意図的に心に生じさせることもできるでしょう。

『デーワダハ・スッタ（Devadaha Sutta）』において、ブッダはデーワダハ村の瞑想する人たちに、平静な心を育てるよう説かれました。人が悩みや苦しみを感じるのは、状況のせいではなく、状況に自分を重ね合わせることで生じるのです。

平静な心は、慈しみの心を育てたときと同じやり方で育てることができます。東・西・南・北・上・下の六つの方角に、限りなく広げて育てるのです。

ブッダは、諸現象にたいして平静になるように説かれました。これは、眼・耳・鼻・舌・身・意にたいして平静（捨）になるという意味です。

たとえば、何か対象にたいして欲が生じ、その欲を満たそうとしているとしましょう。そのとき「この欲は、外の対象ではなく、自分の内から生じている」ということに気づきます。このように気づくことで、欲の束縛から解放され、外の対象と自分とを同一化することがなくなるのです。これが「諸現象にたいする捨」です。

これにたいし、ひとつの対象に集中して育てる平静さを、「統一への捨」といいます。無色《むしき》界禅定《かいぜんじょう》（空無辺処《くうむへんじょ》～非想非非想処《ひそうひひそうじょ》）から生じる捨も、この「統一への捨」に入ります。

また、過去や現在、将来の現象はすべて無常であり、絶対的なものでも永遠に満たせるものでもなく、固定した実体はないと観察することを、「放棄への捨」といいます。

人生でさまざまな問題に直面しているときこそ、この清らかな「慈・悲・喜・捨」を育てるとよいでしょう。「慈・悲・喜・捨」を実践する機会はいくらでもあります。あらゆる状況で使ってみてください。

とはいえ、「慈」と「悲」と「喜」と「捨」をすべて同時に使うことはできません。また、だれか特別な人にたいしてだけ使うべきでもありません。

マインドフルネス（気づき）が育つにつれ、この清らかな「慈・悲・喜・捨」を、いつ、どこで使うべきかということがわかるようになるでしょう。

ブッダはこのように教えています。

「子どものときから死ぬまでのあいだずっと、正念《しょうねん》（気づき）と正知《しょうち》（明晰な理解）をもって慈・悲・喜・捨を実践するなら、心は欲と怒りと無知から解放される」

慈しみは、「慈」だけでなく、「悲」にも「喜」にも「捨」にもその要素が含まれています。ですから慈しみを実践すると、他の性質も自然に育っていくのです。人の成功を見ても、嫉妬しなくなります。他人が所有しているものを羨ましく思う心は、慈しみで満たされている心には生じません。嫉妬するのではなく、他人の成功を喜び、さらには「すべての生命が繁栄し、幸せでありますように」と願うのです。

＊＊＊

一九七六年の後半、スリランカにいる姉から一通の手紙が届きました。そこには、「母の容体があまりよくありません。もうほとんど食べることもできません」と書かれていました。母のメッセージも添えられていました。ほんの一行だけでしたが、書き終えるまで一週間かかったとのことです。母はとても衰弱していて一度に一、二文字書くだけでやっとのようでした。ペンを持つことすら大変でしたが、自分で書こうと決めたようです。おそらくそれが私への最後の手紙になるということを知っていたのでしょう。そこには、「あなたに会えますように」と書かれていました。

姉からは、「家に帰ってきてください。母はもうそんなに長くありません」と。

そこで、当時、私が滞在していたワシントン仏教寺院の許可を得て、パンアメリカン航空747型機に乗り、スリランカへ向けて飛び立ちました。

途中、マレーシアに立ち寄りました。現地の友人がスライド・プロジェクターを贈ってくれたのです。私はそれまで世界の多くの国々を訪れており、寺院での法要や風景、動物、超高層ビルなど五〇〇枚ものカラースライドを持っていました。それを、ずっと母に見せたいと思っていたのです。

スリランカに到着するとすぐに、姉の家でスライドショーをはじめました。母はいすに座り、私の説明にじっと耳を傾け、興味深くスライドを見ていました。その瞳は潤んでいました。

夜の一〇時にスライドショーをはじめ、終わったのが翌朝の二時。それでも母はまったく疲れていない様子でした。終わったとき、もっとないのかと聞いたほどです。しかし、これが家族ですごした最後の楽しい時間になりました。

翌日、車で首都キャンディの病院へ向かう途中、母は亡くなりました。車に乗るとき、どうしても横になろうとせず、後部座席に座りたがり、病院に着いたときにはまっすぐに座ったまま、静かに息を引きとっていたのです。もし病院まで救急車が使えたなら、もう数か月は生きていたでしょう。

亡くなった母を前にして、子どもの頃のことが思い浮かんできました。いつも私を元気づけ、あたたかい心で包み込んでくれた母。私が小さいとき、何度、傷を手当てしてくれただろうか。また、心を込めて書いてくれた最後の手紙。ほんの一行だけでしたが、どれほど慈しみに満ちていたことか。

母が痛みを抱えながら亡くなったことが悲しくてたまらず、そばにいてあげられなかったことを後悔していました。

母は、会う人みなにたいしてやさしく、穏やかに接していました。慈しみの模範のような方で、私はあらゆる面で母のことを心から尊敬していたのです。

ブッダは、「愛する人と別れることは苦しみである」と教えています。私はそれまで何年ものあいだ離別の悲しみについて法を説いたり、葬儀をおこなったり、遺族を慰めたりしていましたが、母が亡くなってはじめて、ブッダが教えたこの言葉の意味を真に理解することができました。悲しみのあまり心は張り裂けそうで、まるで苦痛の物質を注射されたかのようでした。

出家してから母が亡くなるまでのあいだずっと、頭のどこかでいつも母を喜ばせようとしていたことに気づきました。母の幸せを、だれよりも願っていたのです。母は私が僧侶として世界中で法を説いていることを誇りにしていました。ですから何か新しいことや価値があることを成し遂げるたびに、母に手紙を書いていました。自慢するのではなく、母を喜ばせたかったのです。しかし、母がいなくなったいま、だれを喜ばせればよいのでしょうか——。

母への愛情は、私の心の束縛のなかで最も強力なものでした。母が亡くなったとき、悲しみに押し流され、ブッダが説いた「死と無常に関する教え」を、一時的ではありますが、すっかり忘れてしまったほどです。いまでも母のことを思いだすと、愛おしさが込み上がってきます。

一九八〇年頃、私はダラスで開催された宗教者会議で講演をすることになっていました。感謝祭が近づいていたため「感謝」をテーマに講演するよう依頼されており、母について話すことにしました。

ところが演壇に立ち、言葉を発しようとした瞬間、涙が流れ出てきたのです。みっともないことに、大勢の聴講者のなか、言葉が詰まって話すことができませんでした。落ち着きを取り戻すまで、少しかかりました。

私がスピーチで話したかったのは、母の限りない慈しみについてであり、母に感謝し、母のことを忘れたことは一度もないということです。

このように演壇に立って満席の聴講者の前で涙を流したことで、私は死と悲しみに関するブッダの教えをひとつ、真に理解することができました。それは、この偈《げ》です。

　これまで長い長い過去世において、
母を亡くすたびに、涙を流してきた。

その流した涙の量は、
大海の水の量よりも多い。

母はわが子のためならどんなことでもし、いのちを懸けてでも守るものです。自分を犠牲にし、ひどく苦労しながらも、子どものために頑張っている母もいます。子どもにたいする母の慈しみは、はかりしれません。

このわが子を慈しむ母のように、すべての生命にたいして慈しみを抱けるでしょうか？慈しみは、私たちがつねに保つべき基本的な原理です。第6章では、サーマーワティーとウッタラーがひどい状況におかれても慈悲を保ちつづけたというお話を紹介しました。

サーマーワティーは建物に火をつけられ、死にかけているときでさえ、心に慈悲を保ち、いっしょにいた五〇〇人の侍女たちにも慈悲を保つよう励ましました。

ウッタラーは、遊女のシリマーに熱い油をかけられそうになったときでさえ、慈しみを保ちました。さらに侍女たちにとり押さえられ、蹴られ、棒で打たれているシリマーを助け、ゆるし、ブッダの教えへと導いたのです。

このように、サーマーワティーとウッタラーは窮地に追い込まれた状況でも、慈しみを失いませんでした。

私たちも、正直さや敬意、尊厳といった道徳を守るのと同じように、慈しみを守ることができます。ブッダが説いた慈しみを実践するには、自分の思考を守りさえすればよいのです。『清浄道論《しょうじょうどうろん》』にはこのような偈《げ》があります。

雌鳥が卵を守るように、
ヤクが尾を守るように、
愛し子を守るように、
片目を守るように――、
そのように戒律を守り、
つねに賢明で、
たえず気づいているように。

「生きとし生けるものが幸せで安穏でありますように」と心から願うとき、自分の心も幸せで安穏になります。

ブッダは、「慈しみを限りなく育てることができる」と教えています。慈しみは時間や場所によって制限されるものではありません。無限に、境界なく広げていくものなのです。

といっても、これは世界中を歩きまわり、生命ひとりひとりを物理的に守るという意味ではありません。それはとうてい無理なことです。

ブッダがおっしゃったのは、「母がたったひとりのわが子を守るように、自分の心の慈しみを守りなさい」ということです。

ブッダは『慈経』で次のように説かれています。

あたかも母が、わがひとり子を、
いのちを懸けて守るように、
そのように、すべての生命にたいして、
無量の慈しみの心を起こしてください。

全世界の生命にたいして、
限りなく慈しみの心を広げてください。
上に、下に、横に、
隔てのない、怨みのない、敵意のない心を育ててください。

慈しみは、「たったひとりのわが子」です。慈悲深い母が、たったひとりのわが子を守るように、私たちも「自分の心の慈しみ」を守らなければなりません。

慈悲の実践をしているとき、何かに妨げられることもあるでしょう。でも、負けないように！　慈しみの心を開きつづけるのです。

第8章　怒りを乗り越える

心にやさしさや思いやりを育てたいと思うなら、慈悲の瞑想は効果的な方法です。慈悲さえあれば、怒りの心で他者のことを考えたり、話したり、接したりする悪い癖が消えていくのです。

ブッダの高弟であるサーリプッタ長老は、怒りの調伏に関する法話『アガタ・ヴィナヤ・スッタ（Aghata Vinaya Sutta）』で、怒りを乗り越え、慈しみを実践するための5つの方法を、例をあげて説かれました。この5つの例には、厄介な人に会ったとき、状況をシンプルに見る方法が紹介されています。

他者に接するとき、心に慈しみさえ生じさせれば、どのような厄介な人にも向き合うことができるでしょう。私たちは「どんな怒りも乗り越えるべきである」ということを知ってはいますが、癖になっている怒りの判断パターンに引きずられ、つい怒ったり嫌悪したりしてしまうのです。

では、自分を怒らせようとする人に接するとき、どうすればよいのでしょうか？　この経典には5つの接し方の例が紹介されています。

汚れた布

私たちのまわりには「言葉は親切ですが、行動が乱暴な人」がいます。口でやさしいことを言うものの、行動で悪いことをするのです。このタイプの人は、約束しても守らず、問題を回避しようとします。サーリプッタ長老は、このような人に接するとき次のように考えて怒りを制御するよう教えています。

ある日、お坊様が通りを歩いているとき、汚い布を見つけました。あまりにも汚れていたので、手で触れる気にならず、汚れを落とそうと片方の足で布を押さえ、もう片方の足で蹴ったりこすったりしました。それから指で布をつまみあげ、ふり払い、お寺に持ち帰って洗いました。すると、あの汚かった布がきれいになり、衣《ころも》のつぎはぎとして使えるようになったのです。

「言葉は親切ですが、行動が乱暴な人」に接するとき、その人にたいして慈しみを引き起こせないかどうかを探ってみてください。ひとつかふたつくらいなら、きっと見いだせるでしょう。お坊様が汚れた布に価値を見いだしたように、私たちもその人から親切な言葉を見いだすことができます。それを褒め、敬意を示し、慈しみを引き起こしてください。

もしその人と実際につきあい、慈しみで接するなら、相手は自分の悪い行動を改めようという気持ちになるかもしれません。

ですから相手を嫌うのではなく、その人の親切な言葉に注目し、励ましてください。そうすることで、相手のやさしい面が少しずつ感じられるようになるでしょう。相手の悪い行動には目を向けないのです。

さらに、思いやりのある落ち着いた対応を学ぶことで、相手にたいする怒りが静まっていくのです。

布に何層もの汚れがこびりついているように、私たちの心には何層もの汚れがこびりついています。それが心を扱いにくくしているのです。

もしかすると、相手は友人や家族、家、仕事を失うなど、私たちにはわからない苦しみを抱えているのかもしれません。子どもの頃に不当な扱いをされたり、虐待されたりしたため、乱暴な行動をすることがふつうの生き方だと考えるようになったのかもしれません。

私たちにとって大切なのは、人の苦しみを見ることです。そうすることで、彼らにたいして慈しみで接することができるのです。

藻で覆われた池

二番目のタイプは、「言葉は汚いが、行動では善いことをする人」です。乱暴な言葉で人を罵りますが、行動では役に立つことをするのです。

言葉が汚い人に接すると、すぐに怒りが湧いてきます。では、どのように怒りを制御できるでしょうか?

たとえばあなたが仕事で失敗すると、このタイプの人は口でばかにしたり侮辱したりするのですが、その後「しかたがない」と言って、かわりにやってくれます。あなたはその仕事を見て、やり方を学ぶこともできるのです。

サーリプッタ長老は次のような例をあげて、このタイプの人にたいする怒りを制御するよう教えています。

たとえば、暑くてのどがからからに渇いているときに池を見つけたとしましょう。汗をかき、くたくたに疲れています。この冷たい池にとび込めば、心も身体もリフレッシュするでしょう。しかし、池の表面が藻で覆われています。どうしますか?

両手で藻を取り除くのです。そうすれば、池に入って気持ちよく泳ぐことができるでしょう。

この例えのように、相手の表面上の乱暴な言葉は無視し、思いやりやさしい行動を見るようにしてください。このようにして、自分の心に慈しみを育てるのです。相手への怒りは、おのずと薄れていくでしょう。

足跡にたまった水

三番目のタイプの人は、「言葉も汚く、行動も乱暴ですが、ごくたまに慈しみや思いやりなど善いことにたいして心を開く人」です。

サーリプッタ長老は、次のような例をあげてこのタイプの人への怒りを制御するよう教えています。

たとえば、水も池もないところを歩いているとしましょう。へとへとに疲れ、のどがからからに渇き、水が飲みたくて死にそうです。そのとき、道に牛の足跡を見つけました。その中にほんの少しだけ水がたまっています。でも、足跡は浅いですから、水はわずかしかありません。手で水をすくえば、水が揺れて泥が混ざり、飲めなくなるでしょう。では、どうすればよいでしょうか？

地面に四つん這いになって前かがみになり、口を水にそっとつけます。そして、泥に触れないよう少しずつすするのです。このようにすれば、のどの渇きが癒えるでしょう。

この例のように、ふだんは乱暴な言葉を使ったり、悪い行動をしたりしている人でも、ごくたまに慈しみや思いやり、喜び、静けさに心を開くことがあるものです。彼らが心を開いた瞬間、それを逃さず、接してみてください。思いやりを示し、慈しみの心で話しかけるのです。

これは、彼らと慈しみを分かち合うすばらしい機会になるでしょう。私たちが穏やかに、慈しみで接することにより、悪い行為しかしていない人にも奇跡が起こり、慈悲の瞑想に関心をもつかもしれないのです。

とはいえ、たとえ彼らが慈悲の瞑想をしたとしても、時間がたつにつれ、疲れて、燃え尽き、あきらめてしまうかもしれません。慈悲はうまくいかないと考えて、「瞑想しても無駄だ」と文句を言うでしょう。

これはだれにでも見られることです。うまくいかないことにたいして文句を言うのは私たちにとって通常の反応でしょうが、このとき落ち着いてよく考えなければなりません。もし気まぐれで瞑想し、たとえうまくいかなくても、それは瞑想のシステムが悪いのではありません。私たちがすべきことは、何が間違っているのかを自分自身に見いだし、調整することなのです。

この例えのように、「言葉も汚く、行動も乱暴ですが、ごくたまに善いことに心を開くタイプの人」にたいしても、私たちは慈しみを育てることができます。四つん這いになり、足跡にたまった水を口ですするように、できる限りの可能性をためし、心に怒りが湧き起こらないようにしてください。

病気の旅人

四番目のタイプは、「言葉も汚く、行動も悪く、さらに善いことにたいして心を閉ざしている人」で、目に見える取り柄がない人です。

サーリプッタ長老は、「病気の旅人」を例にあげ、怒りを制御するよう教えています。

このタイプの人は、村も病院もなく、だれもいない路上をひとりで歩いている病人のようなものです。身体を休めるところも、水もなく、影となる木もありません。照りつける太陽と激しい渇きがあるだけです。深刻な病気をわずらい、苦しんでいます。すぐに治療が必要です。さもなければ、死んでしまうでしょう。

そのような人にたいしては、あわれみの気持ちを起こしてください。心の壁を取り払い、「自分に何ができるだろうか。この人には水とクスリと着るものが必要だ。助けなければ」と考えるのです。

あわれみの気持ちで対応するなら、どのように助ければよいのかが見いだせるでしょう。このような困難のなか、感謝されることはないとわかっていても、その人を助けようと強く決意してください。心のなかの「なんとかしてあげたい」という声に耳を傾け、あわれみを引き起こすのです。困難かもしれませんが、進んでその人を助けるようにするのです。

慈悲を実践する人は、相手の悪い行為が現在や将来において、どれほど苦しみをもたらすかということを考えるとよいでしょう。

もし相手が悪い行為をやめ、身体と言葉で善い行為をするようになれば、今世で心のやすらぎや幸せが見いだせますし、不平不満を言うのではなく、自分にあるもので満足することができるでしょう。友人もたくさんできますし、穏やかで、清らかな生活を送ることもできるのです。

ですから、こう考えてみてはいかがでしょうか。「相手の怒りがなくなるよう、自分にできることをしよう。もし何か力になれたら、私自身この先ずっと、そのことを喜んですごせるのではないか」と。

相手にたいして怒るのではなく、心を開き、その人が悪い行為をすることでどれほど苦しんでいるかということを観察するのです。

澄みきった静寂な湖

五番目のタイプの人は、「言葉でも行動でも善いことをし、清らかなことにたいして心を開いている人」です。

サーリプッタ長老は、「澄みきった静寂な湖」を例にあげ、このタイプの人にたいしても怒りを制御するよう教えています。

湖は静かで、冷たく、美しく、周囲はやわらかな草や涼しい木陰にかこまれています。へとへとに疲れている人にとっては、この湖で水浴びすると、リフレッシュするでしょう。

この湖のように、五番目のタイプの人は、思考は静寂ですばらしく、言葉はやさしく丁寧で、行動も親しみやすく、立派で、清らかです。あらゆる面で理想的な人です。そのような人にたいしては、簡単に慈しみを向けられるでしょう。

しかし、もしかすると私たちの心に嫉妬や怒りが生じるかもしれません。嫉妬が生じたときには、相手のすばらしい性格をよく考察してください。そうすれば、嫉妬はおさまるでしょう。さらに、自分自身もその人のように思考と言葉と行動において澄んだ湖のように清らかになれる、ということを考察してください。

＊＊＊

これら5つのタイプの人にたいして、差別なく、平等に慈しみを向けられるよう、心を育てられるでしょうか。ためしてみてください。

もちろん、簡単なことではありませんし、ときには怒りに負けてしまうこともあるでしょう。慈しみを育てるためには、自分の考えや気持ち、行為、楽しみなどを犠牲にしなければならないこともあるのです。言いかえれば、癖になっている他者との接し方をやめることです。

慈悲を育てる目的は、「自分の心を穏やかにする」ことです。このことを心に留めておいてください。自分の心が穏やかでなければ、相手の心もまわりの環境も、穏やかにすることはできないのです。

簡単ではありませんが、実践を重ねるにつれ、慈悲には価値があるということ——そして自然でさえあるということが、実感できるでしょう。

「忍耐」と「気づき」と「慈しみ」

慈しみがいかに怒りを乗り越えるのに役立つかということに関して、もうひとつ、サーリプッタ長老の伝統的なお話が『ダンマパダ』にありますので、ご紹介しましょう。

ある朝、サーリプッタ長老が托鉢《たくはつ》をしているとき、バラモンとその仲間たちが遠くからその姿を見ていました。彼らは、サーリプッタ長老はどのくらい心が落ち着いた立派な人なのだろうかと話し、ためしてみようと考えました。そして、こっそり長老に近づいて、背後から力いっぱい背中を殴ったのです。

しかし、サーリプッタ長老は、だれが殴ったのかと後ろをふり返ることもせず、そのまま歩いていきました。

バラモンは、とんでもないことをしたと思い、あわててサーリプッタ長老の前に行き、土下座して謝りました。長老が、

「なぜ謝っているのですか？」

と尋ねると、バラモンは、

「長老様を強く殴ってしまいました。その罪をどうかおゆるしください」

と懺悔しました。

サーリプッタ長老は、その場でバラモンをゆるし、なにごともなかったかのように托鉢をつづけたのです。

その落ち着き払った態度に、さらにやましさを感じたバラモンは、

「長老様、もしほんとうにゆるしてくださったなら、長老様の鉢を私におあずけください。そして、私の家で食事のお布施をお受けください」

とお願いしました。長老はその願いを受け入れ、家に行き、食事の施しを受け、それから法話をはじめたのです。

その頃、バラモンがサーリプッタ長老を殴ったということが村中に広がり、近くに住む村人たちが大勢、バラモンに制裁を加えようと、手に棒や石を持ってバラモンの家を囲みました。長老が法話を終えたとき、この村人たちの姿が見えました。そこで、気づきと慈悲をもってバラモンを助けることにしたのです。托鉢用の鉢をバラモンに手渡し、それを持って自分のあとについてくるように言いました。鉢を持っている人を傷つけることは、だれにもできません。

激怒している村人たちは長老に、

「バラモンに鉢を戻させ、バラモンを引き渡してほしい」

と言いました。長老が、

「なぜですか？」

と聞くと、

「このバラモンを懲らしめたいんです」

「どうして？」

「長老様を殴ったからです。聖者を殴ってただですむわけがありません」

「しかし、私はこのバラモンをゆるしていますよ。あなたがたは殴られていないのですから、家にお帰りください。このバラモンはいま善い人です」

このできごとのあと、比丘《びく》たちがお寺の講堂に集まり、そのことについて話をしていました。そのときブッダが来られ、何を話しているのかと尋ねました。

比丘たちが一連のできごとを報告すると、ブッダはこのようにおっしゃいました。


バラモンを打ってはならない。

バラモンは、(打った) 相手に怒ることなかれ。

バラモンを打つことは、恥である。

しかし、(打たれて) 怒ることは、さらに恥である。

愛しいものから心を制御することは、
バラモンにとって、より勝れたことである。
害意が生じるたびにそれを止めるなら、

実に、苦しみは静まる。

サーリプッタ長老のこの模範的な姿勢とブッダの教えから、私たちは多くのことが学べるでしょう。怒らないためには、心の落ち着き（忍耐）と慈悲が欠かせないということがわかります。

忍耐がためされている状況に直面したら、片目が見えない人を想像してみるとよいでしょう。もし家族や親戚、友人に片目が見えない人がいるなら、どれほどその人を気づかい、やさしく守ってあげるでしょうか。

この例のように、人のなかにはマインドフルネスの実践に強い自信があるものの、実際にはいつも不注意で、マインドフルではない人がいます。

そこで、片目の友人にたいして、できることはなんでも手助けし、守ってあげるように、私たちは慈悲を実践する者として、その人にたいして怒るのではなく、その人のマインドフルネスへの信頼を理解し、守るべきなのです。

第9章　慈しみにつづいて

慈悲から「ヴィパッサナー」へ

慈悲の瞑想をする人は、穏やかに、調和して暮らすことができます。それだけでなく、頭のなかの限りない無駄なおしゃべりが止まり、苦しみの回転が断ち切られるのです。

どうしてでしょうか？

それは、慈悲の瞑想をすると心は静寂になり、その静寂によって心に「集中」が生じ、さらには「智慧」があらわれるからです。このように、慈悲の瞑想は「集中の瞑想（サマタ）」と「智慧の瞑想（ヴィパッサナー）」の基盤になるのです。

また、すばやく集中できるようにもなります。集中は、ヴィパッサナーを実践するために欠かせないものです。この集中によって、「無常《むじょう》・苦《く》・無我《むが》」の真理を、より明晰に観察することができるのです。

それから、この深い集中と鋭い智慧で、無常の三つの瞬間——生まれる瞬間（生《しょう》）・住する瞬間（住《じゅう》）・消える瞬間（滅《めつ》）——が観察できるようになるでしょう。

現象が「生まれる瞬間」は目立ちませんが、「消える瞬間」は明確です。「住する瞬間」はたえず変化していますから、最も気づきにくいでしょう。しかし、研ぎ澄まされた集中力と洞察力があれば、この三つのどの瞬間にも気づくことができるのです。

心が穏やかでないと、瞑想対象に集中しつづけることはむずかしくなります。また、集中が深くなければ、「生まれる瞬間」や「消える瞬間」は見えても、「住する瞬間」は見えないでしょう。

私たちは心が乱れないよう、静かな場所で瞑想したり、スケジュールを調整したり、健康によい食事をしたりなど、環境をコントロールすることはできます。

しかし、環境は心を乱す第一の原因ではありません。最大の原因は、現象にたいする私たちの執着や嫌悪なのです。

嫌悪が生じたときには、忍耐して、怒らないようにしなければなりません。この嫌悪に対処するための最も優れた方法が、慈悲なのです。慈悲は、自分からはじめなければならないということも忘れないでください。

瞑想中、怒りや欲、批判的な思考が湧き起こってくるかもしれません。このときマインドフルになり、心に慈悲を起こすなら、その瞬間、自分にも他者にも寛容になり、いらだちは消えるでしょう。

慈悲の瞑想は、ヴィパッサナー瞑想において重要な基盤になる、欠かせない要素なのです。

清らかな善行為

慈悲の瞑想をする人は、自分のことだけでなく、まわりにいる人のことも考えます。ですから慈しみのある人がいると、みなが幸せになるのです。

インドの優れた学者であるブッダゴーサ長老による『ダンマパダ注釈書』の第二品「不放《ふほう》逸《いっ》」には、次のようなお話があります。

むかし、マガという名の青年がいました。ある日、汚れている場所を掃除し、きれいにしたところで働いていると、むしのよい人が来て、マガを追いだし、そこを自分のものにしようとしました。でも、マガは怒ることなく、「この人はこの場所を気に入ってくれた。ここを使ってもらおう」と考えました。

マガは別の場所へ行き、そこもきれいに掃除しました。けれども前と同じように別の人がやってきて、マガを追いだし、そこを自分のものにしはじめました。このときも、「彼はここを気に入ってくれた。ゆずってあげよう。喜んでくれてよかった」と考えたのです。

このように、マガが掃除をしてその場を使おうとするたびに、だれかが来て、マガを追いだし、自分のものにしました。そこでマガはこう考えました。

「私がきれいにしたところを他の人が喜んでくれるのは嬉しい。みなに使ってもらおう。これは村に奉仕する絶好の機会だ」

それから、掃除の場を少しずつ広げていき、道も掃除するようになりました。道を妨げている木の枝を切り、大きな岩を取り除き、壊れた道を修復し、老朽化した橋を直し、でこぼこした道を平らにしたのです。

一生懸命、善い行為をしているマガの姿を見た別の青年が、マガに尋ねました。

「何をしているのですか？」

「幸せへの道を切り開いています」

「私も参加していいですか？」

「もちろんですとも。どうぞ。幸せへの道はだれにでも開かれていますよ。いっしょにやりましょう」

このようにして、その青年がマガの慈善行為に加わりました。そして、ひとりまたひとりと増えていき、やがて三二人になりました。

マガをリーダーとする三三人は、道の掃除や修復、川の清掃、壊れた橋の修復、貧しい人への住居の施しなどをおこないました。これらはすべて、「村の人たちがきれいな環境で心地よく暮らしてほしい」という願いからです。

ある日のこと、別の村で慈善行為をしていたとき、そこの村長が来て、「何をしているのか？」と尋ねました。

「幸せへの道を切り開いています」とマガたちは言いました。

村長は、もし王様がこれを見たら自分が村長としての職務を怠っていると考えて自分をクビにするのではないかと思い怖くなり、マガたちにたいして怒りを覚えました。そして、ありもしない話をつくりあげ、王様のところへ行き、「盗賊たちが村を荒らしている」と訴えたのです。

王様は、三三人を捕らえて連れてくるよう家来に命じました。マガたちが捕らえられると、王様は何も調べずに、重い罰として全員をゾウに踏み殺させようとしたのです。

マガは仲間たちにこう言いました。

「友よ、話をでっちあげ、無実の罪をきせた村長と、重い罰をくだした王にたいして、怨みを抱いてはいけません。私たちの心は清らかです。たくさんの善い行為をしてきました。村人たちが健全で、穏やかに、心地よく暮らせるよう、環境をととのえてきました。慈しみを行動で示してきました。村の暮らしがよくなったことは、だれが見てもわかります。村人たちは私たちがおこなった行為に感謝してくれています。負けてはなりません。立派な善い行為をやめないようにしましょう。弱気にならず、尊いおこないをつづけましょう。慈しみが私たちを守ってくれます。慈しみ以外に頼れるものはありません。心を慈しみで満たしてください。慈悲は、私たちにとってこの上ない拠《よ》りどころになるものです。必ず助けになるでしょう」

三三人を踏み殺そうとゾウが連れてこられたとき、マガと仲間たちは心を慈悲で満たし、落ち着きを保ちました。

その姿を見たゾウは、どうしたことか立ち止まり、三三人を踏みつぶすことなく、もと来た道を戻っていったのです。村長は驚きました。ゾウはマガたちの慈しみを感じとり、慈しみで対応しました。これは、ゾウを連れてきた村長に欠けていたことです。

王様は、これには何か理由があるにちがいないと考え、三三人を呼びました。マガと仲間たちは王様に、自分たちは盗賊ではなく、村に奉仕し、善いおこないをして幸福への道を切り開いていたということを話しました。

王様はたいへん喜んで、彼らに住むための必要な設備とともに村全体を授けたのです。

マガと仲間たちは巡礼者のために休憩所をつくるなど、それからも善い行為をつづけ、ずっと幸せに暮らしました。

この話からわかることは、私たちにとって最も大切なのは「心の環境」だということです。心が清らかなら「物理的な環境」もきれいになります。だれでも穏やかな心が好きなのです。

これまで見てきたように、慈悲の瞑想をする人は、自分だけでなく、まわりにいる人のことも考えますから、みなにとって幸せな存在になります。慈しみは善い心をつくり、善い心はまわりに善い環境をもたらすのです。

ブッダが説かれた幸福についての法話『吉祥経《きっしょうきょう》（Maṅgala Sutta《マンガラスッタ》）』には、

「適切な場所に住むことは幸福である」

とあります。

幸福はどこからもたらされるのでしょうか？　そのもとのところを見てください。そうすれば、「慈しみの思考」が、自分にも他者にも幸せな環境をつくりだしているということがわかるでしょう。

「いまできること」から

ときどき、恵まれない人を助けるためには自分が金持ちでなければならないと考えている人がいます。電気も水道もなく、食べものも十分得られずに暮らしている人を目にしたとき、自

郵便はがき

料金受取人払郵便

神田局
承認
1124

差出有効期間
2025年9月30
日まで
（切手不要）

101-8791

535

千代田区外神田
二丁目十八―六

春秋社

愛読者カード係

＊お送りいただいた個人情報は、書籍の発送および小社のマーケティングに利用させていただきます。

(フリガナ) お名前	歳	ご職業
ご住所 〒		
E-mail 小社より、新刊／重版情報、「web 春秋 はるとあき」更新のお知らせ、イベント情報などをメールマガジンにてお届けいたします。	電話	

※**新規注文書**（本を新たに注文する場合のみご記入下さい。）

ご注文方法　□**書店で受け取り**　□**直送(代金先払い)** 担当よりご連絡いたします。

書店名	地区	書名	冊
			冊

ご購読ありがとうございます。このカードは、小社の今後の出版企画および読者の皆様とのご連絡に役立てたいと思いますので、ご記入の上お送り下さい。

〈書　名〉※必ずご記入下さい

●お買い上げ書店名(　　　　地区　　　　　　　書店　)

●本書に関するご感想、小社刊行物についてのご意見

※上記をホームページなどでご紹介させていただく場合があります。(諾・否)

●ご利用メディア	●本書を何でお知りになりましたか	●お買い求めになった動機
新聞(　　　　) SNS(　　　　) その他 **メディア名** (　　　　)	1. 書店で見て 2. 新聞の広告で (1)朝日 (2)読売 (3)日経 (4)その他 3. 書評で(　　　　紙・誌) 4. 人にすすめられて 5. その他	1. 著者のファン 2. テーマにひかれて 3. 装丁が良い 4. 帯の文章を読んで 5. その他 (　　　　)

●内 容	●定 価	●装 丁
☐ 満足　☐ 不満足	☐ 安い　☐ 高い	☐ 良い　☐ 悪い

●最近読んで面白かった本　(著者)　　　　(出版社)

(書名)

㈱春秋社　電話 03-3255-9611　FAX 03-3253-1384　振替 00180-6-24861
E-mail : info-shunjusha@shunjusha.co.jp

分には何もできないと感じて、打ちのめされてしまうかもしれません。

しかし、あきらめずに、日々の生活のなかで実際、他者のためにできる小さなことからはじめることが大切です。慈悲を「ここ」から――、まさに「いまこの場」からはじめるのです。

ひとつ例をあげましょう。ある日、私がシンガポールでタクシーに乗っていたときのことです。運転手さんが法衣を着た私を見て、

「もし自分にお金がたくさんあったら、善いことがいろいろできるのに」

と言いました。そこで私はこう話しました。

「お金がなくても善いことはできますよ。たとえばタクシーを待っているおばあさんを見かけたら、タクシーを止めてドアをあけ、車に乗るのを手伝ってあげてください。あなたがタバコを吸う方なら、おばあさんが乗っているあいだは吸わないように。やさしく思いやりをもって話しかけることもできるでしょう。遠回りをして料金を余分に請求したりせず、目的地にまっすぐ連れていってください。目的地に着いたら車のドアをあけ、手を引いて、おばあさんを歩道まで連れていき、気持ちよく見送ってあげるとよいでしょう」

さらに、こう加えました。

「こんなふうに仕事をすると、あなたも気分がいいですし、楽しいでしょう。運転する以外におこなったおばあさんへの気づかいを思いだすたびに、幸せを味わえますよ」

こうした思いやりの行為をするのに、お金は一円もかかりません。慈しみを実践するために、お金は必要ないのです。

旅行中、私は公衆トイレを使うことがあります。もしそこが汚れていれば、きれいにします。飛行機に乗っているときでも、使ったあとは必ずきれいにします。次の人に気持ちよく使ってほしいからです。

トイレをきれいにしたのは私だということはだれもわからないでしょうが、掃除をすると私自身、とても喜びを感じるのです。

これは些細なことのように見えますが、実は些細なことではありません。日常生活のなかで慈しみを実践するすばらしい方法なのです。

第10章　煩悩の火を消す

困難や受け入れがたいできごとが生じたとき、防衛機制として相手に怒りを向けることは野生動物の反応と同じです。

私たちは、怒ることは困難や苦痛への自然な反応だと思っているかもしれません。でも、怒るとどうなるでしょうか？

『ダンマパダ』には、

「憎しみは憎しみによって静まらない」

とあります。怒りにたいして怒りで反応することは、さらなる怒りを生みだすだけなのです。

そこで、同じ状況でも怒らずに、慈しみで対応するとどうなるでしょうか？　怒りはゆっくり消えていくのです。『ダンマパダ』ではつづけて、

「慈しみによってのみ、憎しみがおさまる」

とあります。

私たちは困難や苦難にたいして衝動的に反応するのでなく、マインドフルに対応する方法を見いださなければなりません。怒りや無知で反応するのではなく、智慧で対応するのです。智慧で対応するとき、怒りではなく、慈悲こそが自分を守る最も善い手段だということがわかるでしょう。

慈悲の瞑想を真摯に実践する人は、欲と怒りと無知の火を消す消防士のようなものです。ブッダは『燃焼経《ねんしょうきょう》』でこのようにおっしゃっています。


眼《げん》・耳《に》・鼻《び》・舌《ぜつ》・身《しん》・意《い》は燃えている。

色《しき》・声《しょう》・香《こう》・味《み》・触《そく》・法《ほう》は燃えている。

眼識《げんしき》・耳識《にしき》・鼻識《びしき》・舌識《ぜつしき》・身識《しんしき》・意識《いしき》は燃えている。

眼と色・耳と声・鼻と香・舌と味・身と触・意と法との接触は燃えている。

それぞれ接触を縁《えん》として生じる苦《く》・楽《らく》・不苦不楽《ふくふらく》の感受《かんじゅ》は燃えている。

何によって燃えているのか?

欲、怒り、無知の火によって燃えている。

生まれ、老い、死、憂い、悲しみ、痛み、苦しみ、落ち込みの火によって燃えている。

たとえば、消防士は火災の現場で適切に仕事ができるよう、徹底的にトレーニングを積んでいます。消火にあたるときには、防火服を着て身を守るなど、自分が害を被らないよう、必要な防御策をとります。警報が聞こえたら、いきなり消防車に飛び乗って出動するのではありません。迅速に防火服を着、重装備をし、さらに定期的に検査しているにもかかわらず消防車を再点検してから出動するのです。

この消防士の例のように、私たちもものごとを自動的におこなうのではなく、つねに気づきと慈悲を保ち、どんな状況にもいつでも向き合える準備をととのえておくことが大切です。

私たちは、「心のなかに欲・怒り・無知の火、また空腹・渇き・憂い・悲しみ・苦しみ・痛み・落ち込みの火がある」ということを知っています。こうした火は、生まれてから死ぬまで、日夜、燃えつづけているのです。

火には、くすぶりながらゆっくり燃える火、すばやく広がる火、内の火、外の火、作為的な火、自然に発生する火などがあります。

消防士が訓練を積み、どんな火にも適切に対応するように、私たちはマインドフルネスを実践し、心に生じる火に気づき、その火を消せるよう、スキルを磨かなければならないのです。

ゴータマ・ブッダの時代、優れた長老尼として尊敬されていたパターチャーラーのお話を考えてみましょう。

パターチャーラーがまだ出家する前のことです。彼女はたった一日で家族全員を失いました。夫、二人の子ども、両親、兄弟を、ほんの短いあいだに不幸な事故で亡くし、そのせいで気が狂ってしまったのです。

その後、あまりもの悲しみで正気を失い、ふらふらさまよい歩いていたとき、ブッダに出会いました。

ブッダはパターチャーラーを、憂い、悲しみ、痛み、苦しみ、落ち込みの火から助けだしたのです。どのように助けたのでしょうか？

まず、彼女を正気に戻し、別の生き方があるということを、彼女自身で明晰に見ることができるようにしました。それから、「無常《むじょう》」についての教えを説き、悲しみの火から救いだしたのです。このブッダの慈悲と智慧の妙薬によって、彼女の悲しみの火は徐々に消えていき、やがて慈悲と智慧が芽生えていったのです。

私たちには心の火を消すツールがあります。それは、慈悲と静寂と智慧です。ときにはどうしようもないほどの葛藤に陥ることもあるでしょう。でも、パターチャーラーのように慈悲と智慧にたいして心を開くなら、心にやすらぎが得られるのです。

私たちには、生来の自然な能力である慈しみがそなわっています。この慈しみで、消えない火はありません。慈しみこそが、苦しみの火を消す強力な消火剤なのです。

慈しみの恩恵を受けるのは、自分だけではありません。自分の心を清らかにすることで、他の生命や環境も守られます。また、他の生命や環境を守れば自分も守られるのです。ただ、自分に慈しみを向けることからはじめなければなりません。

たとえば消防士は、人々を火災から救いだすために、まず自分が防護服を着て身を守ります。医師は、患者の健康を保つために、自分が病気にならないよう身を守らなければなりません。飛行機に乗っているとき、もし機内の圧力が失われたら、親はまず自分が酸素マスクを着用し、その後、子どもに着用させます。このように、自分の身を守ることは利己的なことではなく、それによって他者を助けることができるのです。

同じように、自分が苦しみに押し流されないよう、まず自分の心を「慈しみ」で守ります。そうすることで、おのずと他者を守ることができるのです。

慈悲は最も優れた心のお守りです。このお守りは、自分と他者を心の有害な火から守ってくれるのです。

第11章　リラックスとゆるし

慈悲の瞑想をしていると、過去の苦しみや悲しみ、落ち込みなど困難な感情が湧き起こってくることもあります。なぜでしょうか？

慈しみを実践すると、心のスペースがだんだん広がり、癖になっている感情や、まだ解決されていないさまざまな思いが、表面に浮かび上がってくるからです。

慈しみは、心をリラックスさせます。それで、ふだんはアクセスしがたい困難な感情にも、アクセスすることができるのです。

厄介な感情が湧いてきたときには、「これは心を訓練する絶好の機会だ」と考えて、気づきと慈悲を使い、その感情に対応してください。拒絶したり正当化したりするのではなく、マインドフルにただ観察するのです。そうすれば、「感情は変化している」ということに気づくでしょう。

感情は固定しているものではありません。苦しみも、悲しみも、落ち込みも、心にずっと居座っているものではなく、たえず変化しつづけているのです。このことがわかれば、心はほっとするでしょう。

私たちは、これまで生きてきたなかで頑固な思考パターンや癖を強めてきました。それが感情に火をつけているのです。

肩の力を抜き、リラックスし、変化を受け入れ、感情を手放してください。変化にたいする気づきが深まるにつれ、感情で〝反応する〟のではなく、別のやり方で〝対応する〟ほうが心地よい、と感じられるようになるでしょう。

変化への気づきが深まれば深まるほど、慈悲を実践しやすくなり、心もリラックスします。このリラックスした状態は、慈悲の瞑想がもたらす副次的な美しい「ゆるし」へとつながっていくのです。

そのうち、これまでずっと自分に厳しくしてきた自分を受け入れ、ゆるすことができるようになるでしょう。いろいろな原因や条件で自分を苦しませていたことが理解できるのです。微細な変化は、いつでも起きています。でも、それに気づかなかったため、これまで苦しみに反応するというやり方をつづけてきました。

しかし、変化にたいする理解が深まるにつれ、心の緊張がほぐれていき、自分をゆるすことができるようになります。心が柔軟になるのです。

「自分を慈しむ」ことは、極めて重要なことです。これを抜きにして、慈悲の瞑想は成り立ちません。自分を慈しむと、池に投げた石の波紋のように、慈悲は自然に他者へと広がっていくのです。

だれかに傷つけられたときには、自分を悲しませ、悩ませ、落ち込ませ、苦しみをもたらした相手にたいして、やさしく、リラックスした態度で接するようにしてください。

無理やりゆるそうとする必要はありません。心を開き、「相手も自分では管理できないさまざまな原因に条件づけられている」ということを観察するのです。

あなたも相手も、問題を引き起こした原因や条件に十分気づいているわけではありません。ですから、傷つけられたことに関して、なぜ相手がそのようなことをしたのか、理由をすべて見いだそうとしても不可能なのです。

あなたがどうしてそのときそこにいたのか、どうしてその状況の犠牲者になったのか、その原因を完全に知ることはできません。できるのはせいぜい、いまあなたにできることをするだけです。

このことを理解して、自分と相手にたいし慈しみを向けてください。そうすれば、苦しみや悲しみ、落ち込みをもたらした相手をゆるすことができるでしょう。

だれの心にも「慈しみの種」があります。あとは、その種をよい土壌に植え、世話をし、適切な条件を満たしてあげればよいのです。やがて種は芽をだし、丈夫に育っていくでしょう。

私たちひとりひとりには、あらゆる行為において慈しみが育つポテンシャルがそなわっているのです。

殺人鬼アングリマーラ

仏典には、「アングリマーラ」という殺人鬼のお話が記されています。これを読むと、だれにでも——想像がつかないような悪党にさえ——慈しみの能力がそなわっているということがわかるでしょう。

ブッダの時代、アングリマーラという殺人鬼、現代の言葉でいえば、連続大量殺人犯がいました。残酷極まりなく、無差別に人を殺して指を切り、その指をひもに通して首にかけていたのです。（「アングリマーラ」とは、指でつくった首飾りという意味です。）

九九九人もの人を殺し、その指を集めて首にかけていたアングリマーラは、森を歩いているブッダを一〇〇〇人目の犠牲者にしようと決め、殺そうとしました。

アングリマーラの悪評と、身の毛のよだつ恐ろしい風貌にもかかわらず、ブッダはアングリマーラの心には慈しみの能力がそなわっているということを智慧の目で察知されました。そして、このブッダの深いあわれみによって、極悪な殺人鬼は真理を理解することができたのです。

ブッダの教えを聴いたアングリマーラは、武器を捨て、ブッダの前にひれ伏し、弟子となり、出家して、比丘《びく》になりました。

あとになってわかったことですが、アングリマーラは生来、残酷な人でも、極悪人でもありませんでした。実際はやさしい青年で、人を無差別に殺したのは尊敬する先生に、「一〇〇〇人の指を切って持ってくるように」と指示され、それに忠実に従おうとしたからです。心にあったのは、先生への慈しみとやさしさ、尊敬、思いやりだったのです。

アングリマーラが出家し、比丘になるとすぐに、その本来の性格があらわれました。そして修行してまもなく、悟りを開いたのです。

ある日、アングリマーラ長老が托鉢《たくはつ》をしているとき、難産で苦しんでいる女性のうめき声が聞こえてきました。長老の心に、あわれみの気持ちが湧き起こりました。

ブッダのもとへ行き、女性が陣痛で苦しんでいることを告げると、ブッダはアングリマーラ長老に、彼女の家の玄関口に立ち、次の言葉を唱えるように言いました。

「妹よ、私は生まれて以来、いかなる生命も殺していません。この真実の力によって、子を安産できますように」

アングリマーラ長老は、

「世尊よ、どうして私が〝生まれて以来、いかなる生命も殺していません〟と言うことができるでしょうか。私は多くの人を殺し、指を切って集め、それを首飾りにしていたのですよ」

と言ったところ、ブッダはこうおっしゃいました。

「しかし、それはあなたが悟りを開く前のことでした。いま、あなたは欲と怒りと無知を根絶しています。阿羅漢《あらかん》に達し、一切の煩悩《ぼんのう》をなくして、清らかな聖者として生まれ変わっています。難産で苦しんでいる女性の痛みがなくなり、子を安産できることを願っています。煩悩がなくなる前は、そのように願うことはできなかったのではないですか」

私たちはみな、いろいろな事情に条件づけられています。不満や欲、怒り、恐れ、愛情、友情などの感情から、行為が引き起こされ、それが何かしらのやり方で絡み合い、さまざまな状況を経験しているのです。

「だれもがみな慈しみの種を持っている」ということを覚えておいてください。他者を慈しむことができず、自分を思いやることができなくなるほど、心を閉ざしたままでいることはできません。一切のものごとは変化しています。これが無常の本質です。私たちはたえず変化しつづけているのです。

ブッダは、アングリマーラには悟りを開ける可能性が大いにあることを見抜き、彼が自分で自分をゆるせるよう、手助けしました。

そのように、私たちもきっと思いやりを見いだし、他者を――そして自分自身も――ゆるすことができるでしょう。

第12章　慈しみの社会

私たち人間は、いうまでもなく社会的な生きものです。生きるためには他の生命が欠かせません。子どものときは親や大人に頼らなければならず、老いたときは身内が生きがいになるかもしれません。私たちは他者と関わりをもたずにいられないのです。

しかし、「自分に関係のある親しい人は大切にし、それ以外の人は関係がないから大切にする必要はない」というようにも考えがちです。

慈悲の瞑想をすると、心にはこのような傾向があることに気づくでしょう。これに気づくことによって、親しい人や大切な人だけでなく、すべての生命にたいしてあたたかい思いやりを向けられるようになるのです。

ブッダは、最初の六〇人の弟子（阿羅漢《あらかん》）たちにこのように呼びかけました。

「さあ、多くの者たちの利益のために、多くの者たちの幸福のために、この世へのあわれみをもって、神々と人々の利益・幸福・安楽のために歩きなさい。二人でひとつの道を行くべきではありません。初めがすばらしく、中もすばらしく、終わりもすばらしい、法を説きなさい」

これは、ブッダの衆生にたいする限りない慈しみを力強くあらわした言葉です。

ブッダは弟子たちに、説法や瞑想指導を支えてくれる人たちに慈しみを示すようアドバイスしました。こうして慈しみは社会のなかで急速に広がっていき、ますます多くの人たちが心を穏やかにし、互いに慈しみで接する新たな方法を身につけていったのです。

ブッダは入滅される晩年でさえ、弟子たちに、自分が説いた法を実践するよう励ましました。このようにして、すべての生命にたいする慈しみを示したのです。『長部経典《ちょうぶきょうてん》』にはこのように記されています。

比丘《びく》たちよ、私が知り、教示した法を、よく保ちなさい。実践し、育て、多く修習しなさい。そうすれば、この清らかな修行は長くつづき、久しく存続するでしょう。それは、多くの者たちの利益のため、多くの者たちの幸福のため、神々と人々の利益・幸福・安楽のため、この世へのあわれみのためです。

私たちはいま、「気づきの瞑想」と「生きとし生けるものへの慈しみ」を実践しています。「生きとし生けるもの」のなかには、人間だけでなく、動物、神々、悪魔、幽霊、精霊、二足・四足・多足・無足の生命、鳥、水中に住む生命、空中に住む生命なども含まれます。私たちは「生命」という広大なコミュニティのなかの一生命にすぎません。したがって、慈悲を自分の親しい人だけでなく、すべての生命にたいして広げるべきなのです。

私は出家して以来ずっと、出家社会のなかで生きてきました。そのなかのひとりとして、出家生活は「慈悲」にかかっているということに気づきました。

僧院は、出家者にとって慈悲や忍耐など善い心を育てるための稽古場のようなものです。ひとりひとりが慈悲を実践するときにだけ、出家生活がうまく機能するのです。

たとえば、私たちは自分が害されたとき、それがどんな害であろうと相手をゆるすよう心を訓練しています。慈悲があれば、誤解から生じる対立を避けることができますし、調和することもできるでしょう。慈悲は、私たちが傲慢になったり敵意を抱いたりせず、和合するよう教えてくれるのです。

だれかがが傷ついていることに気づいたら、その人にたいして慈しみで接します。そうすることで、調和が保てるのです。

比丘と比丘尼《びくに》は、公的であれ私的であれ、出家僧団の仲間にたいして、身体と言葉と思考でするあらゆる行為を、忍耐と慈悲でおこなわなければなりません。寛大な心をもち、瞑想で得た知識や智慧を、出家僧団のなかで分かち合うのです。

もし、怠けて日々の活動に参加していない比丘がいれば、その比丘を非難したり責めたりせず、参加するよう励ましてください。慈悲は、広大無辺でなければなりません——忍耐も、広大無辺でなければならないのです。

私は、人生において慈悲や忍耐の実践はほんとうにすばらしい効果がある、ということを見てきました。後悔したことは一度もなく、いやになったことも一度もありません。

たとえ比丘や比丘尼として生活していなくても（そうではない方がほとんどですが）、仲間とともに慈悲や忍耐を実践すれば、後悔することはなくなるでしょう。それどころか、あなたのやさしさはもはや日々接している人に限られていないということに驚くかもしれません。慈悲は限りなく広がり、これまで気にもとめていなかった親しい仲間以外の人たちにも、あたたかい思いやりを向けていることに気づくでしょう。心の境界線が少しずつ消えていき、嫌悪感もなくなっていくのです。

すでにおわかりかと思いますが、「慈悲」と「気づき」には似た性質があり、よく同等のものとして考えられています。

比丘や比丘尼は、前に歩くときも、戻るときも、見まわすときも、衣《ころも》を着るときも、鉢を持つときも、気づき（正念《しょうねん》）と明晰な理解（正知《しょうち》）をもっておこなうよう心を訓練しています。

また、在家の方も、すべての行為において正念と正知をもって生活するよう訓練することができます。食べるとき、飲むとき、用をたすとき、人と話すとき、静かにいるとき、寝るとき、朝起きるとき、働いているとき、くつろいでいるときなど、いつでも気づきを育てることができるのです。

怒りや憎しみ、落ち込みなどの感情は、一日のうちいつでも起こりうるものです。したがって、人と接しているときだけでなく、自分ひとりで考えているときでも、慈しみの習慣がなければ、自分や他者に害をもたらす危険性があるのです。

慈悲と気づきを実践するためには、強い決意が必要です。私たちは自分に悩みや苦しみがあることを知っています。同じように、他の生命も悩みや苦しみを抱えています。この自分と他者の苦しみを軽減するために、私たちは慈悲を実践するのです。

だれの心にも慈悲の根はあります。このことに気づいてください。もし慈しみが自然に生じない場合には、意識的に決意して、慈しみを育てなければなりません。正しく努力するなら、この慈悲が心の新たな習慣となり、育っていくでしょう。

私たちはよく、記念日のような人生の節目となる日にさまざまな決意をしています。ですから、誕生日など人生の特別な日に、「慈悲の瞑想をしよう」と決意するとよいでしょう。

といっても、この決意をするために誕生日まで待つ必要はありません。この本を読んでいるいま、決意することができるのです。これこそが気づきであり、注意深く観察するということなのです。

ときどき「慈悲の瞑想は一般の人に理解できないものだ」とか「自分には瞑想する能力がない。時間がないから無理だ」と考える人がいます。慈悲の瞑想をするためには、何か特別な清らかさが必要だと考える傾向があるのです。

多くの人にとって、慈悲は理解しがたいものですし、慈悲の瞑想をするのはなおさら困難でしょう。

しかし、慈悲の瞑想をつづけていると、自分の人生において慈悲の恩恵を理解することができるのです。幸せや心のやすらぎを正直に求めている人には、慈悲の力が見えます。というのも、この清らかな慈悲の性質は、本来、人の心の奥深くにあるのですから。

まわりの世界を見まわしてください。もしかすると起きている出来事にいくらか失望したり、心配したり、不安を感じたりするかもしれません。隣人同士でのもめごと、国家間での争い、親に面倒をみてもらえない子どもたちなど――なんと多くの苦しみが見えるでしょうか。

そのようななか、いくら自分ひとりが「すべての生命が幸せになりますように」と願ったところで、そうなることはありません。

しかし、私たちには自分のまわりの世界を幸せにする力があります。それは、慈悲の心をもつことです。怒りではなく、慈しみの心で生きるのです。これを「崇高な生き方」といいます。

私たちは、いま生きているこの世界に地獄をつくることもできれば、慈悲の瞑想をして清らかな天界をつくることもできます。ブッダは『増支部経典《ぞうしぶきょうてん》』で次のように説かれています。

ここで、バラモンよ、私は村や町に行くときは、朝、鉢と衣をたずさえて托鉢《たくはつ》に行きます。食事を終え、托鉢から戻ると、森に入ります。草や葉を集めて重ね、そこに坐ります。足を組んで坐り、背筋をまっすぐに伸ばし、気づきを前面に確立します。

それから、私は慈しみ（慈《じ》）に満ちた心を、第一の方角に広げて住みます。同じく第二の方角にも、第三の方角にも、第四の方角にも広げて住みます。このようにして、上に、下に、横に、あらゆるところに、すべてを自分のこととして、敵意のない、害意のない、広大で、清らかで、無量の慈しみの心を、全世界に広げて住みます。

私はあわれみ（悲《ひ》）に満ちた心を、第一の方角に広げて住みます……。

私は共感的な喜び（喜《き》）に満ちた心を、第一の方角に広げて住みます……。

私は平静（捨《しゃ》）に満ちた心を、第一の方角に広げて住みます。同じく第二の方角にも、第三の方角にも、第四の方角にも広げて住みます。このようにして、上に、下に、横に、あらゆるところに、すべてを自分のこととして、敵意のない、害意のない、広大で、清らかで、無量の平静な心を、全世界に広げて住みます。

バラモンよ、私がこのような状態で前や後ろに歩くなら、そのとき前や後ろに歩くことは清らかです。

私がこのような状態で立つなら、そのとき立つことは清らかです。

私がこのような状態で座るなら、そのとき座ることは清らかです。

私がこのような状態で横たわるなら、そのとき清らかで高級な臥し床があります。これが、私がいま困難なく自由に得られる、清らかで高級な臥し床です。

ここでブッダは村や町の人々に感謝をあらわしています。在家者がブッダに施し、ブッダを支えるように、ブッダは彼らにたいして無量の慈しみを引き起こし、さらにはそれを全世界に広げます。気づきをもって四方八方に住むすべての生命に慈しみを広げ、完全なやすらぎに住むのです。

ブッダは世の中の苦しみを理解し、苦しんでいるすべての生命に向けて慈悲を広げました。ブッダほど、生命の苦しみを深く理解している人はほかにいません。心はいつでも「慈・悲・喜・捨」で満ちあふれているのです。

もし、私たちがこの世の中でやすらぎを味わいたいなら、「慈・悲・喜・捨」を育てなければなりません。やすらぎは自分からはじめるものです。ですからまず、自分で自分の思考を「慈・悲・喜・捨」で満たさなければなりません。慈しみには、太陽の輝きのように、はかりしれない力があるのです。

第13章　『慈経』――慈しみの教え

出家して以来、私にとって『慈経《じきょう》』は人生でなくてはならないものになりました。テーラワーダ仏教の国の人たちは、この短いお経を口癖のように唱え、暗記しています。

私自身、さまざまな困難に直面すると、この『慈経』の偈《げ》がすっと心に浮かんできて、慈悲の心で行動することを思い起こさせてくれます。また、『慈経』をただ読むだけでも、心は穏やかになります。みなさんはどうでしょうか？

では、『慈経』の内容をみていきましょう。そうすれば、みなさんの理解が深まり、日々の生活に慈悲がしっかり確立されるでしょう。

これから偈《げ》をいくつかご説明いたします。巻末の付録「実践1」に『慈経』の全文を掲載していますので、どうぞご参照ください。

慈悲の瞑想をすると、心は清らかになります。『慈経』の初めの偈《げ》には、慈しみのある人はどのような性格かということが書かれています。

瞑想は自分でしなければならないということは、いうまでもありません。だれもが自分でしなければならないのです。

瞑想をすると、あらゆる面で行為が変わります。思考パターンが徐々に慈悲へと変わっていき、その慈悲の「思考」によって、「言葉」も「行動」も慈悲へと変わっていきます。それが、他の生命によい影響を与えるのです。

ブッダは『慈経』をこの言葉からはじめています。

善なるものに巧みで、寂静《じゃくじょう》（涅槃《ねはん》）の道を了知する者が、
静かな場所に行って、なすべきことがあります。

心が慈しみで満たされると、心は穏やかになります。これまでみなさんの心には、いらだちや怒りなどネガティブな思考が頻繁に生じていたのではないでしょうか。

しかし、慈悲の瞑想をするにつれ、その影響を受けにくくなるのです。

心が穏やかになると、『慈経』に示されているように、まっすぐで、しっかりし、人の話を

よく聴くようになります。これまでとは異なり、忍耐や思いやり、理解をもって世の中に関わるのです。

このような姿勢で関わるなら、人はもちろん動物さえも、あなたにおのずと惹かれるでしょう。あなたといっしょにいることを心地よいと感じ、やさしく接してくれるようになるのです。慈悲があれば、身体と言葉と思考でおこなう行為は安定します。これは、たえず変化しつづける主観の風にかき乱されなくなるからです。

これまで見てきたように、慈しみは私たちが通常理解している愛（Ｌｏｖｅ）とは異なります。自分の気まぐれ、相手の容姿や自分への態度に基づいていないのです。

慈しみには、自分の好きな人にはやさしくするが、それ以外の人にはそうしないといった差別や裏表はありません。したがって、慈しみが怒りや恐怖に変わることはないのです。

慈しみとは、仲のよい友だちといるときに感じるようなあたたかい感覚のことです。状況に関係なく、どんな生命にたいしても平等に、いつでも思いやりをもって接するのです。

すべての生命の幸せを願い、心からあたたかい思いやりを限りなく放つとき、生命を差別する思考はまったく生じないでしょう。

『慈経』には、慈悲を実践する人にたいして次のように教えています。

高慢ではないように。
智慧ある識者たちが批判するような、
どんな小さなあやまちもしないように。

「智慧ある識者たちに批判されない、認められる行為」とはどのような行為でしょうか？

ブッダが、自分を傷つけようとした者たちにたいしてどう対応したかを見ると参考になるでしょう。

ブッダは自分を敵視する者たちにたいしてでさえ、高慢な態度で接することも、見くだすこともしませんでした。

本書の第1章では、ブッダを殺害しようと何度もたくらみ、大きな苦痛をもたらしたデーワダッタにも慈しみを向けるほど、慈悲を力強く育てていたことを紹介しました。

第11章では、ブッダを殺そうとした極悪な殺人鬼、アングリマーラにたいしても、慈しみの心で接したことを見ました。

デーワダッタの陰謀でブッダを踏み殺そうとした凶暴なゾウ、ダナパーラにも、慈しみを放ちました。

ブッダは自分の息子ラーフラを慈しむのと同じように、自分を殺そうとした者たちにたいしても、慈しみを向けたのです。

デーワダッタはブッダに会いにいく途中で亡くなりました。比丘たちはブッダに、

「デーワダッタは来世、どこに生まれ変わるのでしょうか？（ブッダを殺そうとしたのだから恐ろしく不幸な境涯〈地獄〉に落ちるのではありませんか？）」

と尋ねたところ、ブッダは、

「長きにわたって不幸な境涯に落ちるが、いずれ将来、悟りを開くだろう」

と答えました。

これはある意味、マインドフルネスに導かれた慈しみです。この慈しみによって、人は穏やかに、調和して生きることができるのです。こうした性格が、慈悲の瞑想から得られる清らかな性格です。実践すれば、必ずこの境地に達するでしょう。

慈悲の瞑想をする人は、慈悲のネットワークのなかに、すべての生命を含めなければなりません。弱いものも、強いものも、見えるものも、見えないものも、遠くに住むものも、近くに住むものも、すでに生まれているものも、これから生まれようとするものも、すべての生命を含めるのです。

そして、

幸福で、安穏でありますように。

生きとし生けるものが幸せでありますように。

と心を込めて願ってください。

目に見える生命・見えない生命

『慈経』では、「目に見える生命」と「目に見えない生命」に注意を向けるよう教えています。私たちはたいてい見たり聞いたりしている生命のことを考えるものです。目に見える生命にたいしては慈悲を向けやすいでしょうが、目に見えない生命にたいして慈悲を向けるのは、それほど簡単なことではありません。

しかし、慈悲の面から見れば、すべての生命はみな平等ですから、そのような差は無視すべきです。

自分の目に見えるかどうかは関係ありません。見える生命も、見えない生命も、世の中に存在しているということは、だれでも知っているでしょう。見えなくても、苦しんでいる生命がたくさんいるのです。

では、なぜ苦しんでいるのでしょうか？

それは、苦しみをどう取り除けばよいのかがわからないからです。このことが理解できると、どんな生命にたいしてもあわれみの気持ちが湧いてくるでしょう。

慈悲の瞑想をするとき、見えない生命を思い浮かべることは簡単ではないかもしれません。これにたいし、見える生命を思い浮かべることは不可能ではないでしょう。

相対的に考えれば、目に見える生命はほんのわずかしかいません。見えない生命のほうが、はるかに多いのです。慈悲の瞑想では、見える生命も、見えない生命もみな、対象にします。これが、慈悲の瞑想が「無限」や「無量」と呼ばれる理由なのです。

もし、慈悲の対象に境界線を引くとしたらどこに引けるでしょうか？　どこにも引けません。したがって、時空間で制限することなく、慈悲を限りなく育てることが大切なのです。

目に見えない生命の苦しみはもちろんですが、遠く離れている生命の苦しみも、私たちは知ることができません。これから先、どんな危険や災害が待ち受けているのかもわかりません。生きているかぎり、予測できないことはいろいろ起こるものです。何が起こるかは、知りえないのです。

そこで、私たちは生きとし生けるものにたいして「安穏でありますように」と願います。目に見える生命も、見えない生命も、すべての生命にたいして慈悲を広げ、自分の心を清らかな慈しみで満たすよう、心を育てるのです。

病《やまい》や老いなど、避けることのできない苦しみに直面している生命にたいしても、「苦しみに陥ることなく、勇気と決意をもって乗り越えられますように」と願ってください。

遠くに住む生命・近くに住む生命

慈悲の瞑想では、遠くに住んでいる生命も、近くに住んでいる生命も、差別しません。では、この二つの違いは何でしょうか？

大きな違いといえば、近くに住む生命の苦しみは私たちに見えますが、遠くに住む生命の苦しみは見えないということです。見えませんが、遠くに住む生命の数は、近くに住む生命の数よりも、はるかに多いのです。

それから、遠いや近いということは、私たちが人や動物にたいして感じる「心理的な距離」にも用いられます。たとえば、自分にとって大切な生命にたいしては「近い」と言い、嫌いな生命にたいしては心を閉ざしますから「遠い」と言います。

しかし、どの生命も、いかなる差もつけずに、慈悲の瞑想に含めるよう努力しなければなりません。すべての生命に共通する特徴は、「苦しみ」です。それゆえ、すべての生命が含まれるのです。慈悲に含まれない生命はいません。

自分の体内に生息するさまざまな微生物は、近くに住む生命だと考えてください。微生物も私たちと同じように苦しんでいるのです。

また、慈悲の瞑想には、阿羅漢《あらかん》も含めます。阿羅漢は苦しみの原因を完全に根絶し、究極の悟りを開いた方です。一切の苦しみ、悲しみ、嘆き、憂い、落ち込みから解放されています。この阿羅漢も、慈悲の対象に含めるのです。

慈悲の対象に、制限はありません。したがって、私たちは慈悲を完成させるために、悟りを開いた阿羅漢も含めるのです。この瞑想の目的は「すべての生命にたいして慈悲を広げるよう、自分の心を育てること」なのですから。

殺生する人にたいして

私たちが慈悲の瞑想をしているときも、世界のいたるところで大勢の動物が屠殺されているかもしれません。しかし、私たちにはどうすることもできません。ブッダでさえ、動物や人を殺さないよう他人を管理することはされなかったのです。

当時、ブッダと比丘たちが滞在していた僧院のそばの屠畜場では、五〇年ものあいだずっと豚が殺されていました。ブッダはそこの管理者に殺すのをやめるよう頼んだこともなければ、国王であり仏教の強力な支持者であるコーサラ王になんとかしてくれるよう助けを求めることもしませんでした。

私たちは、殺生をする人を見て怒ったり腹を立てたりすべきではありません。彼らは慈しみを必要としています。ですから怒るのではなく、「〝生命はみな死を恐れている〟という真理を見えなくしている欲と怒りと無知が、彼らの心からなくなりますように」と願い、慈悲を向けるのです。

慈悲は、ひとりひとりが実践すべきことです。無理やり他人にさせることはできません。私たちには他人に殺生をやめさせる力はありませんが、自分自身が殺生をせず、支持しないことはできるのです。

『慈経』に戻りましょう。瞑想では、

目に見えるものも、見えないものも、
遠くに住むものも、近くに住むものも、
すでに生まれているものも、これから生まれようとしているものも、
生きとし生けるものが幸せでありますように。

と念じます。私たちにとって、空間的にも心理的にも近くにいる親や親戚、友人など親しい人にたいして慈悲を抱くのは簡単なことです。かわいがっている犬や猫などペットにたいしても、慈悲を向けるのは簡単でしょう。

でも、もし親しい人が遠くで暮らしているならどうでしょうか？　心配になるかもしれません。その場合、彼らにたいして慈しみを送ってください。

空間的にも心理的にも遠くにいる生命のことは、なかなかイメージしにくいものです。それでも彼らにたいして慈悲を向けることはできるでしょう。たとえどんな状況に置かれているの

かが見えなくても、慈悲の瞑想に彼らを含め、「幸福で安穏でありますように」と願うのです。

生まれている生命・生まれようとしている生命

慈悲の瞑想には、すでに生まれている生命だけでなく、これから生まれようとしている生命も含めます。「これから生まれようとしている生命」とは、どのような生命でしょうか？　母の胎内や卵から生まれるプロセスにいる生命のことです。このような生命も、慈悲の瞑想に含めるのです。これは、慈悲の瞑想のすばらしい面のひとつではないでしょうか。私たちは、生きとし生けるものにたいして慈悲を広げるよう、心を育てるのです。

『慈経』ではつづけてこのように述べています。

どんな場合でも、他者をあざむいたり、
軽んじたりしてはなりません。
怒ったり、腹を立てたり、
互いに他者の苦しみを望んではなりません。

ここでブッダは、自分が他者をあざむかないだけでなく、他者も他者をあざむかないようにと願うよう、教えています。

まず、自分が慈しみを正直に実践します。そうしながら他者にたいしても、「正直に慈しみを実践できますように」と願うのです。

これは、「自分の苦しみも、他者の苦しみも、すべての生命の苦しみがなくなりますように」と願う、私たちにできるとてもすばらしい慈悲の実践です。慈悲の実践をする人は、いかなる理由であれ、他の生命の苦しみを望んではならないのです。

怒りや欲、無知は、心に大きな害をもたらします。こうした煩悩《ぼんのう》のせいで、私たちは他者を騙したり、殺したり、弱いところを見くだしたりするのです。

一方、心が慈悲で満たされていれば、すべての生命が平等に見えますから、このような害のある煩悩は生じないでしょう。

他者の幸せを願っても、私たちに何も害はありません。太陽の光が暗闇を消すように、慈しみの光は憎しみの暗闇を消し去ります。たとえ他者を軽蔑する思考が生じても、慈悲を実践する人はすぐにそれに気づき、適切に対応して、善いほうへと心を調節するのです。

それから、ブッダは『慈経』で次のようにおっしゃっています。

立っているときも、歩いているときも、座っているときも、

横になっているときも眠っていないかぎりは、

この慈悲の念をしっかり保ってください。

ときどき、「瞑想をすると冷淡で無関心な性格になる。他の生命にたいして慈しみも思いやりもないロボットのようになる」と誤解している人もいるようです。

しかし、ブッダは「慈《じ》・悲《ひ》・喜《き》・捨《しゃ》」の四つの清らかな心を育て、そのように生きるよう、強くすすめていることを忘れてはなりません。

また、この偈《げ》で説かれているように、立っているときも、歩いているときも、座っているときも、横になっているときも、どんなときも、私たちは慈悲の心を保つことができます。つねに慈悲の心を保っているなら、瞑想し、マインドフルでいることが冷淡で無関心だとどうして言えるでしょうか？

どんな行為をするときも、よりやさしく、より親切に、より思いやりがあることが発見できるでしょう。

思考を注意深く観察してみると、思考には有害で破壊的で苦痛をもたらすものもあれば、穏やかで幸せをもたらすものもある、ということに気づくでしょう。それに気づいたら、害のある思考をやめ、穏やかで幸せな思考を育てることができるのです。

このことは、本からも、先生や友人からも、敵からも、真に学ぶことはできません。自分で実践し、みずから経験することでしか学べないのです。

欲や怒り、無知など害をもたらす思考が生じたときには、その思考をつづけないようにし、穏やかな思考が生じたときには、それを育て、心に長く留めておくようにしてください。このようにして、自分の経験から、どうすれば善い思考を保てるのかを学んでいきます。これによって、慈しみが育つよう心が条件づけられるのです。

心に生じる穏やかな思考は、一度回転しはじめたら、その後、自動的に生成することもできます。慈しみが心のなかで育っていくのです。

第14章　慈しみのはたらき

慈しみは実際どのようにはたらき、どのような影響をもたらすのでしょうか。これまでの私の経験から、少しご紹介しましょう。特別に際立った経験ではないかもしれませんが、ある意味、慈しみがいかにシンプルなもので、日常生活のさまざまな場面で実践できるかということを理解するのに役立てていただければと思います。

私たちが瞑想センター「バーワナー・ソサエティ」を設立するときのことです。アメリカのウェストバージニア州に、約一六〇〇〇坪の土地を購入しました。

そのとき何人もの友人が、

「バンテ、いったいどうしてその場所を選んだのですか？　そこは仏教の活動をするのに適していませんよ」

と警告しました。

もしかすると、あまりよい選択ではなかったのかもしれません。しかし、私たちは近所を一軒一軒まわって自分たちの活動を紹介するなど、最善を尽くしたのです。

親戚はとても心配し、その地域に住むことになかなか賛成してくれませんでした。そんな彼らにたいして、私は認識があまかったのでしょうか、「瞑想センターができたらいつでも瞑想しに来てください」と伝えていたのです。

新しい土地の隣人は、私たちが引っ越してきたことにひどく腹を立て、「なんて勝手なんだ！　うちはクリスチャンだ」と怒鳴りました。どうやらこれが、親戚や友人たちが警告していたことのようです。その隣人は、それから何年にもわたって私たちに問題をもたらしつづけたのです。

新しい土地で瞑想リトリートをはじめることにしました。知人に知らせたところ、二、三〇人ほどが参加してくれました。建物がまだ完成していなかったこともあり、外で木の下に座って慈悲の瞑想をおこないました。心を慈しみで満たし、怒りが生じないよう、みなで瞑想したのです。

瞑想していた場所から五〇メートルほど離れたところに、あの隣人の家がありました。私たちが瞑想をはじめるとすぐに、ご夫妻は大きな声で賛美歌を歌いはじめました。瞑想を妨げようとしたようです。しかし、私たちは彼らの歌を楽しみました。声がきれいで、美しく歌っていたからです。

その後、隣人はドラムをたたき、スピーカーを使って音を流しました。もしかするとドラムの音は私たちのほうにしかとどかないと思ったのかもしれません。しかし、その音は周囲に響きわたり、近所の人が苦情を言って、電話で保安官を呼んだのです。彼らはやめるよう注意されました。

また、ある夜、大きな叫び声が聞こえました。このときも私たちは何も言いませんでした。すると、今度は真夜中にライフル銃の弾を発射して、瞑想に来ていた人たちを怖がらせたのです。でも、文句を言う人はひとりもいませんでした。

瞑想センターの入り口に、郵便ポストが置いてあります。そこに銃の弾が一発撃たれていました。私たちは穴を粘着テープで覆い、そのポストを使いつづけました。

しばらくすると、ポストが棒でたたかれ、へこんでいました。それでもそのポストを使いました。

それから、ポストが横に倒されていました。それでも私たちは何も言いませんでした。

その後、犬のフンがポストに入れられていました。配達員が郵便物を入れようとしたとき、見つけてくれたのです。

そこで、私たちは新しい郵便ポストを買いました。しかし、そのポストも同じ被害にあいました。

彼らは犬を八匹飼っていました。その犬がいなくなり、私たちが食べたという、ありもしないうわさ話を流しました。するとと別の隣人が彼らに、「あの人たちはベジタリアンです。肉を食べることすらしないのに、犬を殺すはずがありません」と話してくれました。彼らは私たちを追いだそうと嘆願書をまわしました。でも近所の人たちは、「彼らは穏やかですから追いだす必要はありません。歓迎しましょう」と言い、署名を拒んでくれたのです。私たちに敵意を抱いている隣人には、子どもが四人いました。両親は子どもに、私たちに石を投げ、つばを吐き、乱暴な言葉で罵るよう焚きつけたようです。子どもは言われたとおりにしていました。

ある冬の日、雪がたくさん降るとても寒い日のことです。隣人の家に薪がなく、家を十分にあたためることができずに困っていました。そこで彼らに、「どうぞ私たちの薪を持っていってください」と言ったところ、彼らはこれまでさんざん私たちを追いだそうとしてきたにもかかわらず、薪をたくさん持っていき、これが冬になるたびに七年間もつづいたのです。

しばらくたって、ご主人の姿が見えなくなりました。どこへ行ったのかはわかりません。それ以来、もう二度と会うことはありませんでした。

四人の子どもは成長し、家を離れました。数年後、大人になった長男が、突然私たちの瞑想センターにやってきて、これまでのことを謝ったのです。

「子どもの頃は何もわからず、父に言われたとおり、あなたがたにひどいことをしていました。いま私は大人になり、海軍に入って、仏教が穏やかな宗教であることを知りました。ですから、これまでのあやまちをすべて謝りたいと思い、こちらに来ました」

私たちはこの若者の誠実な姿勢を喜び、謝罪をこころよく受け入れ、ゆるすと、ほっとした表情を見せました。それから、彼が真理に目覚め、幸せになるよう、祝福したのです。

このような話をしたのは、慈悲を実践することは生半可ではないということを伝えたかったからです。深い忍耐が必要な場合もあるのです。

いまではもう隣の家からドラムの騒音も、叫び声も聞こえません。銃の弾も飛んできません。いやがらせを受けていた何年ものあいだ、私たちは毎日、早朝の瞑想と朝食の前、昼食の前、夕方の礼拝、夕方の瞑想の五回、慈悲の瞑想をし、彼らに慈悲を送っていました。ひょっとするとその慈悲の力によって、あの家族が少しずつ変わっていったのかもしれません。

しかし、慈悲に助けられたのは、あの家族だけではありません。私たちも、助けられたのです。

バーワナー・ソサエティに、ブラウンという名の犬がいました。大きくて美しく、穏やかな、やさしい犬で、私はよく散歩に連れていきました。ときどき他の犬がブラウンに撃いかかろうとすることもありましたが、ブラウンは一度も闘ったことがありません。小犬を怖がらせたことさえないのです。

ブラウンを攻撃しようとする犬がいると、私はその犬に慈しみを向けました。それでも攻撃しようとするのをやめないときには、慈悲の棒を使いました。棒で道をたたき、襲いかかろうとするのをやめさせたのです。もちろん、犬をたたいたことは一度もありません。

ふつうの犬なら、棒を見せるだけで攻撃をやめますが、たまに歯を見せて噛みつこうとする凶暴な犬もいました。それでも棒で地面をたたくと、立ち止まりました。慈悲の心で棒を見せるだけで十分だったのです。私がしたのはそれだけです。

ブラウンとは長年いっしょにいました。ある日、ブラウンは雷に打たれて全身麻痺に陥りました。獣医師はブラウンを安楽死させたがりましたが、私は拒みました。かわりに、バーワナー・ソサエティのスタッフが二人、ブラウンをベッドに寝かせ、夜どおし身体をさすったり、水を飲ませたりして、やさしく看病したのです。翌朝、ブラウンは苦しむことなく、やすらかにこの世を去っていきました。これも慈悲の実践のひとつです。

バーワナー・ソサエティは、シカやリス、鳥、野生の七面鳥、スカンク、フクロネズミ、ウッドチャック、キツネ、ヘビなどが生息する農村地域にあります。そこから数マイルほど離れたところに、大きなリンゴ果樹園と梱包工場がありました。私はリンゴをどのように梱包するのかに興味があり、ある日、友人にそこまで車で連れていってもらいました。

朝、工場の近くにいくと、トラックからちょうど五人の作業員が降りてきて、仕事にとりかかろうとしていました。彼らは臙脂《えんじ》色の衣《ころも》を着た私の姿を見て、蔑《さげす》んだ目でクスクス笑いました。

私は心を慈しみで満たし、リーダーらしき人のほうへ行き、穏やかにほほえんで、

「すみません、私はこの近くに住んでいる者です。スリランカ出身です。リンゴの梱包工場を見たことがないのですが、よろしければ見せていただけませんか」

と丁寧に尋ねました。

私が慈しみをもってこのように話しかけると、彼はすぐに嘲笑うのをやめ、フレンドリーに、

「喜んでご案内しましょう。どうぞこちらです」

と言って見学させてくれたのです。

私にはなんの恐れもありませんでしたから、彼に話しかけることができました。彼もまた、親しみをもって接してくれたのです。

彼は一時間ほどかけて工場をすみずみまで案内し、すべての工程を説明してくれました。それから、

「来てくれてありがとう。またいつでもいらしてください」

と言い、気持ちよく見送ってくれたのです。

一九九三年、私はヨーロッパに行きました。出発する前、友人が「乱暴な人にからまれるかもしれないから気をつけて。ひとりで歩いていると、からかわれたり、いやがらせをされたり、傷つけられたりするかもしれません」とアドバイスしてくれました。

私はこう言いました。

「自分はただの比丘で、とるにたらない者です。私に危害を加えたい人などいるでしょうか。たとえそのような人がいたとしても、私にはブッダが森の修行僧に与えた〝慈しみのお守り〟があります。そのお守りを信頼しています。それさえ身につけていれば、だれにも傷つけられないでしょう」

ヨーロッパでは多くの人と出会いました。電車やバス、飛行機に乗り、かばんを上の棚に置こうとしたときはいつでも、だれかが手を貸してくれました。降りるときも、同じように棚からとってくれました。このようにみなが慈しみで接してくれ、私も慈しみの気持ちでいたのです。

ある日、バルト海と北海の港町ハンブルクを歩いていたときのことです。若者が六、七人、座ってビールを飲んでいました。私の姿を見ると、彼らはあざけり、通りすぎようとする私に、こっちでいっしょに飲もうとからんできました。

私は親しみを込めて、

「どうもありがとう。でも、行かなければならないところがあるから、また別の機会に。楽しんでください。よい一日を！」

と言い、そのまま歩いていきました。

帰りに同じ道を通ると、彼らはまだそこにいました。でも、今度はからかったり冷やかしたりせず、ただニコッと笑って自分たちで楽しんでいたのです。そんな彼らに、私は親しみを感じました。

ときどき、慈悲の瞑想について聞きたがらない人もいます。

以前、ポーランドで瞑想指導を依頼されたときのことです。依頼した女性が、

「バンテは慈悲の瞑想もご指導されますか？」

と聞きました。

「しますよ」

と答えると、彼女はいきなり、

「私、慈悲が苦手なんです」

と言いました。

そこで、私は一〇日間の慈悲の瞑想リトリートをおこなうことにしました。はじめは拒んでいた彼女も、リトリートが終わる頃には慈悲の瞑想を好んでするようになったのです。

もしみなさんが慈しみは苦手だとか嫌いだと感じているなら、この女性と同じかもしれませ

ん。避けることのかわりになるのは、真剣にとりくむことです。このようにして慈しみへの道を進んでいくのです。

私がいつも歩いているバック・クリーク・ロードの丘の頂上に、座って休憩できるよう、友人がちょうどよい高さの木の切り株を置いてくれました。

数年後のある日、その切り株に座って休憩していると、道の向こう側の家に住む若者が、車で私の前を通りすぎ、家の前に車を止め、庭の木に寄りかけてあった折りたたみいすを指して、

「このいすが見えますか？」

と言いました。

「見えますよ」

と答えると、

「どうぞこのいすを使ってください。これからはこのいすに座って楽に休憩してください」

と言うのです。

とても嬉しく思いました。私は彼が一〇歳くらいの頃から知っていて、彼も私が一八年ほどこの道を歩いているのを見ていました。彼を見かけるたびに、

「元気ですか？」

と声をかけて手をふると、彼は、

「元気です。ありがとう。あなたは？」

と聞き返してくれました。

「元気ですよ。よい一日を！」

「あなたもよい一日を！」

このように気さくにあいさつを交わしていたのです。

数年後、友人といっしょにいつもの丘を歩いていたときのことです。頂上に着き、私がいすに座って友人が立っていると、あの若者が友人のためにもうひとついすを持ってきてくれたのです。

さらに数年後、友人二人とその丘まで歩き、二人が座り、一人が立っていると、若者がまた、いすをひとつ持ってきてくれました。

いまではいすが三つ、庭先の木に寄りかけてあります。私たちがいつでも使えるよう置いてくれているのです。

このようにして、若者は友人と私に慈しみを示してくれました。

だれかが慈悲を実践すると、そのまわりに慈悲を実践する機会がつくりだされます。慈悲を実践する能力は、すべての人にそなわっています。私たちは支え合わなければなりません。支え合うことが、慈悲の行為なのです。

他者の幸せを願いながら話しかけるちょっとした言葉や小さな行為を軽く見てはいけません。

慈悲は、慈悲を生みだします。慈しみは、慈しみを生みだすのです。

第15章　エコロジーと慈しみ

仏教から生態環境の問題を切り離すことはできません。私たちは人や動物だけでなく、植物や地球にも、慈悲を広げることができます。慈悲を実践することで、環境によい影響を与えることができるのです。

学者であり翻訳者でもあるアメリカの仏教僧ビック・ボーディ（Bhikkhu Bodhi）は、次のように述べています。

「〝条件づけられた一切の現象は、互いに関連し合い、徹底的に依存している〟ということを理性的に洞察し、〝幸福は、欲を増大させるのではなく、足るを知り、欲を制御することで見いだすべきである〟というテーマをもち、離欲と観察をとおして達する悟りと、一切衆生への無害および限りない慈悲を目的にして、仏教は、尊敬・配慮・慈悲を特徴とする自然界との関係に必要な要素をすべて提供しています」

学者のリリー・デ・シルバ（Lily de Silva）は次のように述べています。

「『慈経《じきょう》（Karaṇiya Metta Sutta）』では、動きまわるものも、動きまわらないものも、長いものも、短いものも、大きいものも、小さいものも、微細なものも、巨大なものも、目に見えるものも、見えないものも、近くに住むものも、遠くに住むものも、すでに生まれているものも、これから生まれようとしているものも、すべての生命にたいして慈しみを育てるよう、教えています。

慈しみの心で四方八方を満たしてください。自分のいのちが自分にとってこの上なく大切なように、他の生命にとってもそのいのちがこの上なく大切です。したがって、すべての形態の生命にたいして敬意の心を育ててください」


どんな小さな生命も、この生態系のバランスに貢献しています。生きとし生けるものにたいする敬意さえあれば、どのように環境に関わり、どのように環境を大切にすればよいのかということが、おのずとわかるでしょう。

私たちが意識的に努力することで、環境を美しく、きれいに保つことができます。環境がきれいに保たれれば、人も、動物も、すべての生命が安心して暮らし、この地球にあるものを享受することができるのです。

慈悲を実践していると、道路や川、森林をきれいに保とうと気をつけるようになるでしょう。

このようにして、私たちは他の生命に幸福をもたらすことができるのです。環境を美しく保つ行為は、どんな行為であれ慈悲の実践であり、慈しみの行為になるのです。

また、自然の資源を大切に使用することも、慈悲の実践になります。人が環境を守ることは、他の生命の健康を守ることにつながります。私たちの慈しみの行為によって、他の生命が安心して生きられるのです。

ですから、資源を無駄にせず、賢く利用しなければなりません。もし、人がこのまま環境を破壊し、汚染をつづければ、地球はどうなるでしょうか？

将来、生命は住めなくなるでしょう。ブッダは現在と未来の世代にたいする深いあわれみの心から、

「森（煩悩《ぼんのう》）を壊しなさい。しかし、（実際の）樹を伐ってはならない」

とおっしゃいました。資源を大切にし、自然を美しく保つことは、慈悲の実践のひとつなのです。

慈悲の実践は、ひとりひとりが個人でおこなうものであり、集団でするものではありません。もちろん自分がおこなった慈しみの経験を他者と分かち合うことはできるでしょうが、人はそれぞれ自分で自分の心に慈しみを育てなければならないのです。

慈しみを育てることで、環境を破壊するのではなく、環境とよい関係を保つ道が見いだせる

でしょう。

生命全体にとって差し迫った問題のひとつに、気候変動があります。地質学エンジニアや環境問題の専門家たちは、多くの難題に直面しているものの、気候変動のスピードを遅らせたり抑制したりするために、有益な提案をしています。

これに加え、もし私たちひとりひとりが正直に慈悲を実践するなら、この地球と、ここに住む無数の生命が守られるでしょう。慈しみによって、環境も、未来の世代を含めたすべての生命も、守ることができるのです。

私の知人に、自然環境を大切に守りながら日々の生活を営んでいる人がいます。いくつか例をご紹介しましょう。

スリランカの農夫で、自分が育てた作物を鳥たちに分けてあげるというやさしい行為をしている人がいます。作物を収穫するとき、鳥たちも食べられるよう、少し畑に残しておくのです。

また、有害な化学物質を使わずに、虫を寄せつけないようにすることを考えた人がいます。虫がいやがる薬草を集め、強くたたいて液を抽出し、作物に水をまくとき水が出る部分にその液を流し込みます。これによって水といっしょに薬草のにおいが発せられ、虫はそのにおいをいやがって、人に害されることなく田畑から逃げていくのです。

ミツバチを殺さずに薬用のハチ毒を採集しているブラジル人の男性がいます。車のバッテリーにつなげた細い電子ワイヤーを、幅八センチ、長さ六〇センチほどのガラス版につなげ、そこに微弱な電流を流し、ハチの巣の入り口に置きます。ハチが来てそのガラス版にとまると、ハチはガラス版のあたたかさを感じてそこを刺し、ハチ毒を放出して巣に入ります。針が抜けないのでハチが死ぬことはありません。一週間ほどたってから、知人は乾燥したハチ毒をこすり集め、小さなビンを満たすのです。

これは非常にすばらしい慈しみの実践です。ミツバチを飼っている人などめったにいないでしょうが、私たちは地球に利益をもたらし、動植物を保護し、よい変化を与えるために、どこで、どのような努力ができるのか——とくに毎日どれほど自然エネルギーを浪費しているのか——ということについて考えることができるでしょう。

環境に配慮している革新的な人が、省エネ電球を開発しました。もし私たちがその電球を使うなら、大量のエネルギーを節約することができるでしょう。

また、家の中の電気や周囲の外灯をつけっ放しにせず、必要のないときは電気を消すことで、電力を節約することもできます。

こうしたことを習慣にするためには、つねに気づきと慈しみを保っていなければならないのです。

人間は森林を伐採し、その結果、動物の生息地が破壊されつつあります。スリランカでは、ゾウが絶滅の危機にさらされています。また、さまざまな動物が村に頻繁に来るようになり、人間との対立を引き起こしています。

多くの動植物が絶滅や、絶滅寸前の危機に瀕しています。作物に授粉する虫でさえ、絶滅の危機にさらされ、保護が必要になっているほどです。

私たち人間には、未来の世代のために生命を守るという大きな道徳的責任があるのです。

私たちの瞑想センターの敷地内には、枯れた枝を集めて重ね、リスやネズミ、ヘビ、ウサギ、キツネ、フクロネズミ、子鹿、ヤマアラシなどの小動物が、肉食動物に追われたときに身を守れるよう、隠れるための場所がつくってあります。

このように弱い動物や絶滅の危機に瀕している動物たちを守ることも、慈悲の行為のひとつです。

慈しみを実践すると、怒りが消えるだけでなく、資源を無駄にしたり環境を破壊しようとする衝動がなくなっていきます。

私たちのなかには環境保護や美化に従事しているすばらしい人がいます。たとえば、ワシントンＤＣ郊外にある景勝地のチェサピーク・オハイオ運河には、タイヤや電子レンジ、冷蔵庫、空き缶、ビン、トースター、靴など、たくさんのゴミが捨てられていますが、それらを撤去し、きれいにしている友人がいます。

また、道路に投げ捨てられた空き缶やビン、プラスチックの容器などゴミを拾っている知人もいます。

私は個人的に出家者にたいして、歩いているとき歩道にゴミが落ちていたら拾うようにすすめています。

車を運転する方は、運転中、車の窓からゴミを投げ捨てないよう気をつけてください。罰則を受けるのがいやだからではなく、思いやりをもって環境に配慮するのです。

こうした行為はすべて慈しみの心からおこなわれるのであり、慈悲の実践になります。

人生の限られた時間と空間のなかで、みなさんはどのような慈しみの行為ができるでしょうか？　一度考えてみてください。

慈しみの行為をするには、時間と決意、そして心のゆとりが必要なのです。

第16章　慈しみで生きる7つのヒント

慈しみで生きるためのヒントを7つご紹介しましょう。とくに「この7つを実践すれば、心の悪い癖を乗り越えられる」ということについてお話いたします。

1　怒りに気をつける

自分にたいして腹が立つこともあるでしょう。もしあなたが、私が知っている多くの人と同じなら、もしかすると自分にたいして厳しくしすぎているのかもしれません。

また、自分が完璧であることを期待しているのかもしれません。自分に完璧を期待すると、腹が立つことが多くなります。なぜなら完璧を期待しても、実際は完璧ではないのですから。

自分にたいして思いやりや慈しみを向けることは、この上なく大切なことです。これによって、心がやさしくなります。やさしくなると、緊張がほぐれ、自分の不完全さや不出来なところを、嫌悪することなく受け入れられるようになるのです。また、厳しくて頑固な態度がいかに自分を苦しめているかということにも気づくでしょう。

「不完全な自分」にたいして思いやりを向け、受け入れることができれば、自分と同じ「不完全な他者」にたいしても、思いやりを向け、受け入れることができます。これによって、「自分と他者はそれほど変わらない」ということが理解できるのです。

自分と同じく、他者も不完全です。「人はみな不完全である」ということがわかれば、他者の欠点も理解でき、受け入れられるでしょう。同時に、自分の心に湧き起こってくる怒りを制御することもできるのです。

自分にたいして思いやりがなく、不注意なときには、不善な行為をするものです。このことが理解できると、他者の間違いもゆるせるようになるでしょう。

このように、自分自身を理解すればするほど、他者をゆるしやすくなり、怒りも生じにくくなるのです。


だれかが自分にたいして怒っているとき、どうすればよいでしょうか？

怒りで反応するのではなく、慈しみで対応するのです。怒り返せば、さらなる害を引き起こします。ですから、相手にたいしてちょっとした思いやりを示してください。たとえば何か贈り物をしたり、親切にしたり、相手が困っているときに手を貸したりするのです。

相手が自分で自分の怒りに対処できるよう、相手の気持ちを和ませ、明るくなるよう、何か言葉をかけることは、それほどむずかしいことではありません。もしそのようにできたなら、きっと「怒っている人の怒りを静める手助けができてよかった」と感じるでしょう。相手も、あなたが怨みを抱いていないことにほっとするにちがいありません。

あなたが慈しみを抱き、心の扉を開いてさえいれば、相手はあなたに害を与えたことを後悔するでしょう。こうして互いに謝り、友好的な関係をとり戻すことができるのです。

しかし、もし他者の怒りにたいして慈しみや思いやりで対応せず、生きているあいだ中ずっと怒りで反応し、怒りの癖を強めるなら、死が訪れたとき、怒りが湧き起こり、大きな苦痛を抱えて死ぬ可能性が高くなります。

そこで、すべての生命はみな死ぬということ、また、いつ死ぬかはわからないけど必ず死ぬということを思い起こしてください。そうすることで、この短い人生を、穏やかに、慈しみの心で、みなと仲よく暮らすよう、改善することができるのです。

私たちが輪廻転生《りんねてんしょう》についてどのような見解をもっていようと、死後、次の「生」があることは事実です。たとえ輪廻転生を理解できなくても、慈しみの心で生きることは、価値があることです。

ブッダはカーラーマ村の人たちに、次のように説かれました。

もし、死後に生まれ変わりがないならば、
慈しみを実践している者は、今世で幸せを味わう。
もし、死後に生まれ変わりがあるならば、
後世、幸せな境涯に生まれ変わるであろう。

もし、死後に生まれ変わりがないならば、
怒ってばかりいる者は、今世で苦しみを味わう。
もし、死後に生まれ変わりがあるならば、
後世も苦しむであろう。

2　だれも責めない

怒りやすい人は、自分の怒りのせいで他者を責めることが多いものです。責めてしまうのは、たいてい心が狭いか未熟だからです。子どもを見ると、それがよくわかるでしょう。たとえば二人の子どもがけんかしているとき、ひとりが怒って、「先に手をだしたのはあいつだ。ぼくじゃない。ぼくのせいにしている」と相手を責めます。

もうひとりの子も、同じように言って相手を責めるでしょう。親や先生に叱られるのを怖がっているなら、怒って嘘をつくかもしれません。

大人でも、自分の怒りが原因で、すぐに他者を責める人がいます。たとえば「私のせいではない。論争にならないよう、できるだけのことをしているけれど、あの人はいつもあれこれやって私を怒らせる」などと。多くの大人がこのように言っているのを、私は何度も聞いたことがあります。

もし、慈しみがまだ十分育っていなければ、せめて他者を責めないようにしてください。また、自分も責めるべきではありません。責める必要はまったくないのです。

責めるのではなく、「怒りを客観的に観察する」ことが大切です。つまり、怒りが生じていることをあるがままに観察して、怒りで行動しないようにし、最も清らかな心である慈悲で行動するのです。怒っているときだけでなく、怒っていないときも、心を客観的に観察するとよいでしょう。

怒っているときはきまって、「間違っているのは相手だ。相手のせいで腹が立った」と考えるものです。私たちはいとも簡単に「自分は正しい」と決めつけるわなに陥ってしまうのです。

怒っているとき、その怒りを客観的に観察することは非常にむずかしいものです。観察するには、鋭い気づきが必要です。他の現象と同じように、怒りはそれだけで生じるのではありません。さまざまな原因や条件に縁《よ》って生じるのです。

怒りの原因には、最近のものか過去のものかにかかわらず、はっきりわかるものもあれば、はっきりわからないものもあります。

原因がわからなくても、心配しないでください。怒りを正当化せず、生じている怒りにただ注意を向け、怒りを客観的に観察するのです。

このようにマインドフルに観察するなら、怒りが心と身体にもたらす悪い影響を理解することができるでしょう。

気づきはなくてはならないものです。それさえあれば、自分も他者も責める必要がなくなるのです。

3　感謝を育てる

親や先生、親戚、友人はもちろん、知らない人でも――最近のことであれ、ずっと前のことであれ――何か少しでもお世話になった人にたいして、感謝の心を育ててください。

これまで他人にしてもらった親切をふり返り、現実的、また想像的に注意を向けたり、思いだしたりすることを習慣にするのです。

日常生活のなかで感謝の心を積極的に育てることは、慈しみの実践の大切な一部です。感謝があれば、心はやさしくなり、怒りが減っていくでしょう。

感謝することで、心という土壌に慈しみの種がまかれます。その種は、喜びややすらぎへと成長していくでしょう。

4　つきあう人を選ぶ

だれと時間をすごすのかということは、心に大きな影響を与えます。ですからつきあう人に気をつけなければなりません。

ブッダは、「智慧と慈悲を育てるために精進《しょうじん》している善き友に親しむことが重要である」と強く説かれています。

あるとき、ブッダの待者であるアーナンダ長老がブッダに、

「善き友をもつことは、この聖なる修行の半《なか》ばに等しいと思います」

とおっしゃいました。ブッダはそれを即座に正し、

「アーナンダよ、そのように言ってはいけません。善き友をもつことは、この聖なる修行の半《なか》ばではありません。それは聖なる修行のすべてです」

とおっしゃったのです。

怒りっぽい人とつきあうと、心はいとも簡単に悪い影響を受けてしまいます。それだけでなく、怒りの癖を強めることにもなるのです。

もし、あなたが慈しみの心で怒りっぽい人の怒りをおさめる手助けができるなら、そうしてください。

でも、できないなら、そのような人とはできるだけつきあわないようにするのがベストです。

というのも、怒りの影響を受け、それが癖になると、明るい心がもたらす調和や穏やかな生活が損なわれるからです。仏道を実践して、心を育てることもできなくなるのです。

このような話をすると、「心に慈悲があるなら、憎しみに満ちた人でも助けなければならないのではありませんか」と言う人もいます。

ここで、自分の能力を考慮しなければなりません。私たちはまだ悟りを開いていないのですから、「他人をどのくらい助けられるか」ということを、正直に、注意深く見極めなければならないのです。

私たちの能力は限られています。悟りを開いていない人には、限界があるのです。限界の壁にぶつかったとき、緊張したり、こわばったり、怯えたり、頑なになったりするかもしれません。結局、その怒っている人と変わらなくなってしまう可能性があるのです。

また、あなたが家のあるじで、息子や娘、兄弟や姉妹、父や母、叔父や叔母、親戚など親しい人が怒りっぽい性格だったらどうすればよいでしょうか？　つきあわずにいられるでしょうか？

子どもたちはあなたの助けを必要としています。家族はみな、あなたの助けを必要としているのです。家のあるじとして、家族とつきあわないわけにはいかないでしょう。

そこで、相手の怒りっぽい性格を利用して、自分の心に忍耐と慈悲を育てるのです。相手が怒っていても、自分は怒りません。静かに、穏やかな心でいるのです。

だれとつきあえばよいのかということに関して、ブッダは『吉祥経《きっしょうきょう》』で、「愚か者に親しまないことは幸福である」とおっしゃっています。もしかすると、怒りっぽい人には多くの本から得た膨大な知識やすばらしい経験がたくさんあるかもしれません。しかし、もし自分の心に湧き起こる怒りやネガティブな感情を管理することができなければ、そのような人は知識を適切に使っているとはいえません。知識はあっても、ある意味、愚かなのです。

5　自己を正直に観察する

「自分自身を正直に、マインドフルに見つめること」は、真に慈しみで生活するために欠かせないことです。

意識的に自己を観察してください。怒りや欲が生じたときは、とくに観察しなければなりません。マインドフルでいるなら、そうした感情に気づくでしょう。このとき、自分自身に正直に問いかけてください。「利己的な行為をしていないか？」と。

「ものごとは自分の思いどおりに進むべきである」といった、まだ気づいていない根深い思いは、だれの心にも潜んでいるものです。そしてそこから、「すべてを自分の思いどおりにしたい――自分のやり方に従えなければどこかへ行け」という態度で行動するのです。

そのような利己的な態度ではなく、私たちは調和と思いやりをもって行動し、歩み寄りの道を見いださなければなりません。なんといってもブッダの道は「中道《ちゅうどう》」なのですから！

心を正直に観察してください。怒りや欲に傾き、わがままな行動に陥りそうになったときには——マインドフルな慈しみと思いやりで、「中道」に戻るのです。

6　身体のエクササイズをする

運動をすると、心身ともにリラックスします。筋肉が弛緩すれば、身体の循環がよくなり、それによって心の緊張や不安も少しずつ消えていくのです。毎日、習慣として運動をしているなら、それは怒りを乗り越え、慈しみを実践する助けになるでしょう。

身体を具体的に動かすことによって、今後、生じうる困難な感情が生じないようにすることができるのです。

7　心のエクササイズをする

「心のエクササイズ」とは、八正道《はっしょうどう》の８つのステップのひとつである「正精進《しょうしょうじん》（正しい努力）」の、もうひとつの呼び方といってもよいでしょう。

本や書物で「正精進」について読むと、一見、専門的で抽象的だと思うかもしれません。でも実際にやってみると、とても具体的です。

毎日、「慈悲」という心のエクササイズをすることが、正精進です。毎朝、怒りの危険性を思い起こし、「何があっても怒らない」と決意することが、正精進なのです。

朝は心が新鮮です。ですから朝いちばんに決意することは、別の時間にする決意よりも、強く長く心に留まるのです。

このように毎朝決意し、心のエクササイズをしているなら、その日一日、慈悲を心に留めてすごすことができるでしょう。

「怒らずに慈悲で生きる」ことを決意し、習慣にしてください。そうすれば、怒りは弱まり、やがて消えるでしょう。

これは、怒りを抑圧することではありません。理解に基づく意識的でマインドフルな決意です。これによって、怒りを最小限に減らし、慈しみを最大限に発揮することができるのです。

第17章　慈悲と八正道

慈悲は、ブッダの教え全体に浸透しています。ブッダが最初に説かれた最も根本的な教えである「四つの聖なる真理――四聖諦《ししょうたい》」にも内在しているのです。

ブッダは四聖諦の四番目の真理として、苦しみを滅し、幸福にいたるための道、つまり「8つの正しいステップ――八正道《はっしょうどう》」を説かれました。その二番目のステップが、「正しい思考――正思惟《しょうしゆい》」です。これは、寛大さと慈しみと思いやりの思考をつねに抱くことです。慈悲は実践してはじめて、幸福をもたらすのです。

幸福にいたる8つのステップは、「八正道」と呼ばれ、各ステップの語頭には「正」（パーリ語で“sammā《サンマー》”）という語がついています。これは、「熟練した」「正しい」「完全な」という意味です。この八正道を実践することで、智慧と道徳が育ち、苦しみを乗り越え、幸福が得られるのです。

8つの各ステップには、慈悲の実践が含まれています。したがって、この八正道を「慈悲にいたる8つのステップ」と呼ぶこともできるでしょう。

1　正見《しょうけん》（正しい見解）
ものごとを正しく理解することで、慈悲を育てます。「正見」とは、苦しみと、苦しみの原因と、苦しみの消滅と、苦しみを消滅する道の「四聖諦」を理解することです。

2　正思惟《しょうしゆい》（正しい思考）
正しく思考することで、慈悲を実践します。欲の思考、怒りの思考、生命を害する思考をしないことです。

3　正語《しょうご》（正しい言葉）
正しく話すことで、慈悲を実践します。嘘をつかず、悪口や粗暴なことを言わず、うわさ話をしないことです。

4　正業《しょうごう》（正しい行動）
正しく行動することで、慈悲を実践します。生命を殺さず、与えられてないものを盗まず、みだらな行為をしないことです。

5　正命《しょうみょう》（正しい生計）

正しく生計をたてることで、慈悲を実践します。他の生命や自分を害することなく生計をたてることです。

6　正精進《しょうしょうじん》（正しい精進）

正しく努力することで、慈悲を実践します。身体と言葉と思考で悪い行為をせず、善い行為をし、さらにはその善い行為を増大させることです。

7　正念《しょうねん》（正しい気づき・マインドフルネス）

慈悲を実践して、気づきを正しく育てます。慈悲の実践自体が、気づきの実践になります。

8　正定《しょうじょう》（正しい心の統一）

慈悲を実践して、心を正しく統一します。慈悲の瞑想をする人は、深く集中した心の統一――禅定《ぜんじょう》（jhāna）に達するのです。

８つのステップはそれぞれ慈悲の実践ではじまり、慈悲の実践で終わります。このように実践することで、毎日を慈悲で生きられるようになるのです。

八正道は、私たちが生きる指針として観察し、実践するためのものです。簡単にいえば、つねに八正道で生きるべきなのです。

仏教の実践は、自己発見の旅ともいえるでしょう。この旅にはもちろん、自分の心のなかに慈しみや思いやり、やさしさなどの能力を見いだすことも含まれるのです。

「熟練した」「正しい」「完全な」を意味するパーリ語の"sammā《サンマー》"には、倫理的な意味のほかに、「かたよらない」という意味もあります。

八正道を実践し、ものごとがうまく進んでいるとき、私たちは「八正道を歩むことが何にもかたよらない正しい判断であり、正しい生き方である――また、世の中にたいして心を開いておく正しい道である」ということを確信することができるでしょう。

第18章　慈悲の瞑想の3つの段階──「言葉」「思考」「心」

慈悲の瞑想には、「言葉」「思考」「心」という三つの段階があります。この三つは八正道《はっしょうどう》にも関連しています。

言葉

まず、「言葉で唱える」ことです。

八正道の三番目の「正語《しょうご》（正しい言葉）」を実践するとき、私たちは正しい言葉を話し、話そうとすることを正しい言葉にします。慈悲の瞑想も、これと同じやり方で実践します。慈悲の言葉を話し、話そうとすることを慈悲の言葉にするのです。

慈悲の瞑想をするとき、みなさんは声をださずに心のなかで静かに慈悲の言葉を想いめぐらせようとするかもしれません。しかし、まわりに聞こえるよう声にだして唱えるほうが、役に立つこともあるのです。

ブッダの時代、仏弟子たちは教えを声にだして唱え、暗記していました。このようにして、教えが生きたまま後世に伝えられていったのです。唱えることは、教えに真に関わるためのとても強力な方法です。

さらにはこうした重要な言葉を唱えている自分の声が聞こえると、その言葉が心に染み入り、刻み込まれます。それで困難なできごとが生じたとき、心のなかに教えが思い起こされ、困難にうまく対処できるのです。

また、教えが心に刻み込まれていると、心がリラックスしているとき、慈悲の言葉が自然に口から出てくることもあります。これはシャワーを浴びながら好きな歌を口ずさむようなものです。

たとえば、子どもたちは覚えた歌を自然に口ずさんでいます。私たちも、リラックスしているときには慈悲の言葉が自然に出てくるでしょう。慈悲の瞑想をすればするほど、慈悲がますます自然にあらわれるのです。

「言葉で唱える」ことのなかには、慈悲の瞑想の言葉だけでなく、日常生活での言葉や会話も含まれます。

八正道の「正語」を実践するとき、私たちは話そうとすることを明確にし、善い意図をもち、相手に上手に伝えるよう、マインドフルにならなければなりません。

話す意図を善いものにする方法のひとつとして、「口を開く前に心に慈しみを起こす」ということがあります。慈しみを抱いてから、話をするのです。

以前、私がマレーシアのお寺に滞在していたときのことです。毎日夕方になると、子どもたちがお寺に来て遊んでいました。私は子どもたちのために慈悲の詩《うた》をつくり、本堂でいっしょに唱えましょうと言いました。子どもたちはその詩を喜んで覚え、外で遊んでいるときでも口ずさむようになったのです。両親たちはそれを喜んでいました。

あれから五〇年ほどたち、いま、あのときの子どもたちは、おじいさんやおばあさんになっています。それでもあの詩を覚えているのです。

そして、何よりすばらしいのは、いまでも慈悲の瞑想をつづけているということです。お孫さんたちを見れば、それがわかるのです！

思考

慈悲の瞑想の二番目の段階は、「思考」です。これは静かに考察することです。唱えている言葉の意味を考察し、「慈しみで生きることの意味」を深く理解するよう、つねに努力することです。

『双考経《そうこうきょう》』には、ブッダが覚りを開く前、菩薩《ぼさつ》であったときのお話が記されています。

牛飼いが牛を注意深く棒で導くように、菩薩は注意深く考察し、探究することによって心を導き、心の統一に達しました。

牛を柵に連れていくとき、牛飼いは棒を使って適切な方向に歩かせます。牛が群れから外れそうになると、棒で打ち、牛を群れに連れ戻すのです。

同様に、私たちが考えるときや話すとき、心をあちこちにさまよわせるべきではありません。でも、さまよったときには、気づきを使って心を適切な方向に戻すのです。

「思考をどのように使うか」ということは大切なことです。というのも、頭のなかで考えたり、おしゃべりしたりすることは、話し、意志を伝えることはもちろん、ものごとの認識の仕方にも大きく影響を与えるからです。

頭でくり返し考えることは、癖になります。いつも他人の悪口や不満、問題ばかり考えていると、怒りの癖が強くなり、やがて頭で考えていることが、表にあらわれるのです。

そこで、思考を慈しみで満たしてください。そうすれば、口から慈しみの言葉が自然に出てくるでしょう。これによって、日常生活でより慈しみを経験することができるのです。

慈悲の瞑想をすると、まわりにあたたかい雰囲気が醸しだされます。慈しみを心に留め、言葉の意味をくり返し考察するなら、心に新たな慈悲の習慣がしっかり育っていくでしょう。そして、これまで習慣的にくり返してきた怒りや欲の癖が少しずつ消えていくのです。

慈悲の瞑想の二番目の段階は、八正道の「正思惟（正しい思考）」に関連しています。

心

慈悲の瞑想の三番目の段階は、「慈悲の意味とその感覚を自分の生き方にとり入れ、日々、慈悲の心で生きる」ことです。

心に怒りがあれば、いらだちや苦しみを感じます。反対に慈悲があると、あたたかさや喜びを感じ、それによって思いやりのある行動をするようになるのです。

ブッダは『ダンマパダ』で次のようにおっしゃっています。

あらゆる行為は、心にもとづき、
心を主とし、心によってつくりだされる。
もし汚れた心で話したり、行動したりするならば、
苦しみがつづいていく。
荷車を引く牛の足跡に、車輪がついていくように。

あらゆる行為は、心にもとづき、
心を主とし、心によってつくりだされる。
もし清らかな心で話したり、行動したりするならば、
幸せがつづいていく。

影がその身体から離れないように。

怒りは怒りを生みだし、慈しみは慈しみを生みだします。ブッダは四方八方にたいして慈しみを広げました。そのなかには、ご自身も含まれています。

心が慈しみに十分なじみ、それと一体になったとき、行動も慈しみで満たされます。瞑想の三番目の段階は、八正道の「正業《しょうごう》（正しい行動）」に関連しています。日常生活を慈しみの心で生きることによって、私たちはおのずと他の生命を殺さなくなり、与えられていないものを取らなくなり、みだらな行為をしなくなり、嘘をつかなくなるのです。

第19章　和合に導く6つの法

コーサンビーの比丘《びく》たちのあいだで論争が起き、不和が生じたとき、ブッダは慈悲の心から比丘たちに、「和合《わごう》のための6つの教え」を説かれました。これらは敬愛を生み、まとめ、争わず、調和し、和合して生活するための教えです。この6つの教えは、慈しみの生き方に深く関わるのです。

ブッダはコーサンビーの比丘たちに、次の6つのことを実践するよう説かれました。

1　身体で慈しみを保つ

清らかな生活を等しくする仲間にたいして、ひとりでいるときも、みなでいるときも、身体において慈しみの行動を保つこと。ブッダは、これらは敬愛を生み、まとめ、争わず、調和し、和合して生活するための教えであると説かれました。

2　口で慈しみを保つ

清らかな生活を等しくする仲間にたいして、ひとりでいるときも、みなでいるときも、言葉において慈しみを保つこと。

3　心で慈しみを保つ

清らかな生活を等しくする仲間にたいして、ひとりでいるときも、みなでいるときも、心において慈しみを保つこと。

4　分かち合う

正当な利得や、法に従った方法で得られたものは、比丘の鉢のわずかな食べものでさえ、清らかな生活を等しくする善き仲間とともに分かち合うこと。

5　戒律を守る

破ることなく、穴もなく、染みもなく、汚点もなく、束縛を離れ、賢者に称賛され、誤解のない、心の統一に導くこのような戒律を、ひとりでいるときも、みなでいるときも、守ること。

ブッダは比丘たちに、清らかな生活を等しくする善き仲間とともに、互いに戒律を守ることをすすめました。

６　正見《しょうけん》（正しい見解）を保つ

聖なるものであり、解脱《げだつ》に導き、苦しみを滅尽させる正見と、清らかな生活を、ひとりでいるときも、みなでいるときも、保つこと。

このように比丘たちに説いたあと、ブッダはアーナンダ長老のほうを向き、こうおっしゃいました。

「これらは敬愛を生み、まとめ、争わず、調和し、和合して生活するための教えです。アーナンダよ、これら６つの和合の教えをつねに守り、保つなら、あなた方に忍耐できない、些細な、あるいは粗雑な語り方があるでしょうか？」

「いいえ、ありません」

「したがって、アーナンダよ、これら６つの和合の教えをつねに守り、保ちなさい。それは長きにわたってあなた方に幸せをもたらすでしょう」

アーナンダ長老はブッダが説かれたことに満足し、大いに喜びました。

みなさんが慈悲の探究にとりくんでいるなら、この「６つの和合の教え」を日々の生活にとりいれることをおすすめします。

第20章 慈しみの心で「聞く」「話す」「行動する」

私たちは、人生のあらゆる面で慈悲を実践することができます。一日をとおして、また生きているあいだはいつでも、小さな行為であれ、大胆な行為であれ、相手の話を「聞く」というちょっとした行為でさえ、慈悲を実践することができるのです。

慈悲の心で「聞く」

ときには深刻な悩みを抱えた人に悩みを打ち明けられることもあるかもしれません。時間があれば、慈悲の心で相手の話を聞くことができるでしょう。聞くだけで、相手はほっとするのです。

あなたにできるのは、耳を傾けることだけかもしれませんが、それでもそれが相手にとって大きな力になるのです。

このとき相手の悩みを解決しなければならないとか、答えを見いださなければならないとか、なんとかしなければならないと思う必要はありません。というのも、相手はたいていあなたが解決できると思っていませんし、解決してほしいとも思っていないからです。ただひたすら話を聞いてもらいたいだけなのです。ですから、慈しみの気持ちで相手の話に耳を傾けるだけで十分です。

このように、私たちは「聞く」ことで、慈悲を実践することができるのです。

慈悲の心で「話す」

慈しみの心で話すことで、相手の苦しみをやわらげることができるのです。

だれかと話しているとき、論争に発展することもあるかもしれません。もし、言葉の剣で相手を刺そうとしていることに気づいたら、すぐにその思考の流れを止めてください。そして、少しのあいだ心のなかで静かに自分に問いかけるのです。「論争せずに会話をつづけられるだろうか」と。

それから、「自分は生まれながらにして斧《おの》を持っている」ということを言い聞かせてください。斧とは、舌のことです。

ブッダは『スッタ・ニパータ』で次のように説かれました。

人は生まれたとき、
口のなかに斧が生じている。
愚か者は悪口を言っては、
その斧で自分を斬《き》りさく。

腹を立て、いまにも爆発しそうな人に会うこともあるでしょう。もしトラブルを起こしそうな人を見たら、できるだけその人に話しかけるようにしてください。すでに怒っている場合には、少し時間をかけて慈しみの心で話しかけるとよいでしょう。人が怒って理不尽なふるまいをしていても、こちらが慈しみの言葉をかけることで、その人の気持ちがおさまることもあるのです。

また、少しだけかもしれませんが、相手の怒りやいらだちは静まって、相手が自分で自分の心を見つめられるようになるかもしれません。それで、さらなるトラブルに陥るのを防ぐことができるのです。

私たちは慈しみの心で他者を見られるよう、自分の心を訓練することができます。慈しみで見るなら、偏見に基づく意見は生まれないでしょう。また、相手を誤った見方で見ることもなくなるのです。

慈悲の心で「行動する」

心に慈悲があるなら、日常生活の何気ない行為も慈悲の実践にすることができます。たとえば、いまいるところを掃除し、汚れや悪臭がたまらないようにすることもできるでしょう。掃除は私たちの生活の一部ですから、慈しみの心でおこない、他の人が心地よいと感じるよう、きれいにしてみてはいかがでしょうか。他者の幸せを願っておこなうことは、どんな小さな行為であれ、慈悲の実践になるのです。

料理をしているときは、料理をとおして慈悲の瞑想をすることができます。たとえばニンジンを切るとき、「これを食べる人がみな喜んでくれますように」とか、「健康で幸せになりますように」などと、心のなかで慈悲の言葉をくり返すとよいでしょう。慈しみの心で料理をするのです。

また、他者の幸せのために身体を使って働くことも、慈悲の実践のひとつです。たとえば、地域の奉仕活動をすることがあります。困っている人を助けたり、障がい者や身寄りのない人に手を差し伸べたりすることも、慈悲の実践です。

おなかをすかせた人に食べものをあげることや教育を受けていない人に教育を与えることも、慈悲の行為です。

また、病院やホスピスでの仕事、介護やセラピーなどに、慈悲の心でたずさわることもできるでしょう。

他者を助けることは、自分を助けることにつながります。社会には、自分にできる人助けがいくらでもあります。それをすることで、自分の内面の優れた資質がおのずとあらわれてくるのです。

どの社会でも、助けを必要とする人はいるものです。もし、人の役に立つよう意識的に行動するなら、怒りは少しずつ消えていき、人生に感謝するようになるでしょう。自分の人生に感謝し、他者の人生にも感謝しはじめるのです。

だれかに強要されるのではなく、無理なく慈悲を実践する機会はいろいろあります。まわりを見てください。きっとその機会が見つかるでしょう。慈しみの心で他者を助ければ、自分の心が成長します。これは慈悲の実践の最も優れたことのひとつです。

慈悲の瞑想をすると、怒りがなくなり、心が静かで、穏やかになります。私たちが怒らず、静かで、落ち着いているのを見ると、まわりの人もそれに惹かれて慈悲の瞑想をするようになるかもしれません。それで、彼らも心が落ち着き、怒りから解放されるのです。

また、あまり多くのことを語らなくても他者によい影響を与えることができるようになります。これは、「自分を助けることで他者を助ける」ことのひとつです。たとえば数学を教える場合、まず自分が数学を十分習得する必要があります。その後、人に教えることができるのです。泳ぎ方についても、まず自分が泳ぎ方を身につけ、それから人に教えることができます。

慈しみの場合も同じです。まず、自分が思考と言葉と行動で慈しみを実践し、その後、他者にその育て方を示すことができます。自分のために慈しみを実践することは、他者の幸せと深く関連しているのです。

『ダンマパダ』で、ブッダは次のように説いています。

たとえ他者にとって
いかに大事なことであろうとも、
他者の目的のために、
自分のなすことを捨て去ってはならない。
自分の目的を熟知して、
自分のなすことに専念せよ。

『大般涅槃経《だいはつねはんぎょう》（Mahāparinibbāna Sutta)』では、ブッダがアーナンダ長老に、三か月後に入滅することを告げたとき、アーナンダ長老はブッダのところへ行き、ドアの入り口に寄りかかってこう嘆きました。

「私はまだなお多くのことを学ばなければなりません。私をあわれんでくださった師が、涅槃に入られようとしています」

　これを聞いたブッダは、こうおっしゃいました。

「アーナンダよ、泣いてはなりません。私はかつて説いたではありませんか。愛しく親しい人とも、必ず生き別れ、死に別れ、死後は境界を異にする、と。生まれたものはみな滅します。アーナンダよ、生まれたものが滅しないということが、どうしてありえようか。

　アーナンダよ、長いあいだあなたは、身と言葉と心の行為において慈しみを示し、有益に、純一に、誠実に、惜しみなく、如来《にょらい》（ブッダ）に仕えてくれました。アーナンダよ、あなたは善いおこないをしてきたのです。励み、精進《しょうじん》しなさい。そうすれば、すみやかに解脱《げだつ》するでしょう」


　このように、ブッダはアーナンダ長老にこの上ない慈しみの言葉をかけられました。アーナンダ長老は、ブッダの最後の助言を聴き、慰められ、励まされました。私たちも、精進しなければなりません。

＊＊＊

　数年前のある日、ロンドンのガトウィック空港でフライトを待っていたときのことです。出発までかなり時間がありましたが、それは私にとって問題ではありませんでした。むしろ楽しいのです。その時間、瞑想できるのですから！

搭乗手続きを終えたあと、搭乗口のそばのいすに座り、姿勢をととのえ、目を閉じました。そして、心を慈しみで満たし、いたるところにいるすべての生命にたいして慈悲を広げたのです。

あわただしい空港のなか、しばらく慈しみに深く浸っていると、首のまわりに小さなやわらかい二本の手が触れるのを感じました。目をゆっくりあけると、おそらく二歳くらいでしょうか、青い目にブロンドの巻き毛をもつ女の子が、私の首に手をまわし、抱きついていたのです。すぐに母親が女の子を追いかけてきました。どうやらこの子は母親とつないでいた手をふりほどき、私のところに走ってきたようです。

母親は私に、

「すみません、その子を祝福して、こちらに来るようにしていただけませんか」

と言いました。私は女の子に、

「ママが来たよ。行こうね。ママは抱っこして、キスをしてくれるよ。おもちゃやおやつもたくさん持っているよ。私は何も持っていないから、ママのところに行こうね」

と言いました。

しかし、その子は私の首に両腕をまわしたまま、離れようとしません。母親は両手を合わせ、

もう一度私に、

「すみません、その子をどうかこちらに……」

と言いました。

「ママが待っているよ。これからママと飛行機に乗るんでしょ。乗り遅れちゃうよ。私はおもちゃやおやつを持っていないけど、ママはたくさん持っているからママのところに行こうね」

そう言って女の子をうながしましたが、それでも動こうとしません。母親はどうしようもなく女の子の手を私の首からはずし、抱きあげて、もう一度私に、この子を祝福していただけませんかと頼みました。

私は、「いい子だね。ママはあなたのことが大好きなんだよ。いそいで。飛行機に乗り遅れるよ」

そう言って祝福しました。

おそらく、あの子はこの衣《ころも》に惹かれたのでしょう。私のことをサンタクロースやおとぎ話に出てくる人だと思ったのかもしれません。

しかし、別の可能性もあります。そのとき私はいすに座って、息を吸ったり吐いたりするたびに、身体の細胞ひとつひとつから慈しみを放っていました。もしかすると、あの女の子はそのエネルギーを感じたのかもしれません。子どもは繊細ですし、まわりの感情に影響を受けやすいものです。あの子は慈しみの波動に引きつけられたのかもしれません。

私たちがおこなう行動は、他の生命に影響を与えます。その影響――とくに世の中で生き方を学びはじめている若者や子どもたちに及ぼす影響を、軽く見ないよう気をつけなければなりません。

以前、私がワシントンＤＣにあるワシントン仏教寺院に滞在していたときのことです。近所に住む七歳の男の子と仲よくなり、お寺の庭をよくいっしょに歩きました。その子はいつも私のそばにいたがり、「お坊さんのようなお兄ちゃんがいたらいいのに」と言ってくれたこともあります。

ある日、いっしょに散歩しているとき、バッタを一匹見つけました。男の子は忍び足でバッタに近づき、いきなり踏みつけようとしたのです。

とっさに私は、

「踏まないで、そんなことしたらかわいそう！」

と言いました。その瞬間、男の子に別の視点を見せたのです。それによって、その子は他の生命と接する別の方法を理解することができました――慈しみで接する方法です。男の子はすぐに謝って、バッタを踏むのをやめました。

それからも両親が別の地域に引っ越すまで、その子はお寺に遊びに来ていました。

やさしい心づかいを他者に向けるのに、適切でないときなどありません。早すぎるということもありません。

ある日、私が瞑想リトリートで指導をしていたとき、質疑応答の時間に若い妊婦さんが質問しました。

「子どもが産まれたら、子どもに慈悲の瞑想を教えたいのですが、いつ頃が適切でしょうか？」

私はこう答えました。

「いまがよいときです。まず、あなたが瞑想をはじめてください。お腹にいる赤ちゃんは、あなたのネガティブな感情もポジティブな感情もすべて感じています。ですから、いまあなたが慈悲の瞑想をすれば、お腹にいる赤ちゃんはやすらぎを感じ、穏やかで、健やかに育つでしょう。

赤ちゃんが産まれたら、授乳しているあいだ、慈悲の瞑想をしてください。

その子が少し成長したら、あなたが瞑想するとき子どもをそばにいさせるとよいでしょう。そうすれば、子どもは穏やかに眠り、心地よく目を覚まし、健全な心で、元気に成長するでしょう」

質疑応答が終わったあと、その妊婦さんのお姉さんが、私が質問に答え、祝福したことを喜び、私のところにお礼を言いにきました。彼女といっしょにいた三歳の子どもも喜んで、私に抱きついてきました。

だれもが慈しみを必要としています。すべての生命が、やさしく、大切にされることを望んでいるのです。ですから、私たちは自分が模範になり、慈悲を実践し、感謝を示すことだけでも、他者を励ますようにしなければなりません。

たとえば善い行為をしている人を見たときには、その行為を喜び、感謝し、その人が善い行為をつづけられるよう応援することで、慈悲を実践することができます。

この慈悲が自分に戻ってくることもあれば、別の生命に向かうこともあります。慈しみの心でおこなう善い行為は、水の波紋のように限りなく広がっていくのです。

みなさんの日常の生活全体にわたって、慈しみを実践するよう努力してください。そうすれば、いくらもたたないうちに心は苦しみから解放されるでしょう。

付録

実践1　ブッダが説く「慈しみの教え」

ブッダは慈悲に関する教えを二つ説かれました。どちらも『慈経《じきょう》(Metta Sutta)』と呼ばれています。ひとつは「慈悲の利益の経(Metta Nisamsa Sutta)」、もうひとつは本書のメインテーマである「慈悲の経——慈経(Karaniya Metta Sutta)」です。

ブッダが説いたこの二つの教えのどちらか、あるいは両方をよく唱えることで、心に慈悲を育てることができるのです。

「経典」を意味するパーリ語の"sutta《スッタ》"は、インド・ヨーロッパ語族の"suture"に由来しています。"suture"は、「教えを束ね綴《と》じる糸」という意味です。

一万以上もの経典が、パーリ語で収録されています。パーリ語経典は、ブッダの教えの最も古い記録であり、その多くは、ブッダの待者であるアーナンダ長老によって記憶されました。

その後、世代から世代へと口頭で伝えられ、やがて筆記によって書き留められたのです。

経典には、「私はこのように聞きました」という言葉からはじまるものがたくさんあります。

この「私」というのはアーナンダ長老のことです。

出家者の伝統的な修行のひとつとして、比丘《びく》たちは慈悲に関するこの二つの経典を暗記しています。みなさんは全部暗記する必要はないかもしれませんが、それでも、

「生きとし生けるものが幸せでありますように」

というこの一文だけでも覚えておいてください。この言葉を慈しみの心で念じるなら、怒りがなくなり、心はやすらぎで満たされるでしょう。

ぜひ、「慈悲の瞑想」に真剣にとりくんでみてください。

『慈悲の利益の経』（Metta Nisamsa Sutta）

私はこのように聞きました。

あるとき、世尊はサーワッティ近郊のアナータピンディカ居士が寄進した祇園精舎《ぎおんしょうじゃ》に滞在していました。世尊は比丘たちに、「比丘たちよ」と呼びかけました。

「はい、世尊よ」と比丘たちは答えました。

世尊は、次のようにおっしゃいました。

「比丘たちよ、慈しみによる心の解放から生じる利益が11あります。慈悲をくり返し、育て、増幅させ、基盤にし、土台にし、経験し、習慣にし、十分に実践しているならば、その者は11の利益が得られます。11とは何でしょうか？

1 安眠できる
2 快適に目覚める
3 悪い夢を見ない
4 人に愛される
5 人以外の生命に愛される
6 神々に守られる
7 火、毒、武器に害されない
8 心がすぐに統一する
9 顔色が明るくなる
10 明晰な心でやすらかに死ねる
11 現世で最上の悟り（阿羅漢《あらかん》）に達しなければ、死後、幸せの境涯（梵天界《ぼんてんかい》）に赴く

比丘たちよ、慈しみによる心の解放から生じる利益が11あります。慈悲をくり返し、育て、増幅させ、基盤にし、土台にし、経験し、習慣にし、十分に実践しているならば、その者は11の利益が得られます」

このように世尊は説かれました。比丘たちは世尊の教えを聴き、歓喜しました。

『慈経』(Karaṇīya Metta Sutta)

私はこのように聞きました。

あるとき、世尊はサーワッティ近郊のアナータピンディカ居士が寄進した祇園精舎に滞在していました。世尊は比丘たちに、「比丘たちよ」と呼びかけました。

「はい、世尊よ」と比丘たちは答えました。

世尊は次のようにおっしゃいました。

「善なるものに巧みで、寂静《じゃくじょう》(涅槃《ねはん》)の道を了知する者が、
静かな場所に行って、なすべきことがあります。

能力があり、まっすぐで、しっかりし、
人の言葉をよく聴き、柔和で、高慢ではないように。

足ることを知り、手がかからず、
雑務少なく、簡素に暮らし、
感官が静まり、賢明で、
裏表がなく、在家に執着しないように。

智慧ある識者たちが批判するような、
どんな小さなあやまちもしないように。
(そして、願います)
幸福で、安穏でありますように。
生きとし生けるものが幸せでありますように。

いかなる生命であろうともことごとく、
動きまわるものも、動きまわらないものも、
長いものも、大きいものも、中くらいのものも、

短いものも、微細なものも、巨大なものも、

目に見えるものも、見えないものも、
遠くに住むものも、近くに住むものも、
すでに生まれているものも、これから生まれようとしているものも、
生きとし生けるものが幸せでありますように。

どんな場合でも、他者をあざむいたり、
軽んじたりしてはなりません。
怒ったり、腹を立てたり、
互いに他者の苦しみを望んではなりません。

あたかも母が、わがひとり子を、
いのちを懸けて守るように、
そのように、すべての生命にたいして、
無量の慈しみの心を起こしてください。

全世界の生命にたいして、
限りなく慈しみの心を広げてください。
上に、下に、横に、
隔てのない、怨みのない、敵意のない心を育ててください。

立っているときも、歩いているときも、座っているときも、
横になっているときも眠っていないかぎりは、
この慈悲の念をしっかり保ってください。
これを、梵天（崇高な者）の生き方といいます。

邪見《じゃけん》を乗り越え、
つねに戒《かい》を保ち、正見《しょうけん》をそなえ、
諸欲にたいする執着をなくした者は、
もう二度と母胎に宿ることはありません」

実践2　慈悲の瞑想

慈悲の瞑想の目的は、心に慈悲を育てることです。瞑想することで、心に慈悲が育つ土台が築かれるのです。第3章でお話したように、慈悲を育てる方法は8つあります。「慈悲の瞑想」には種類がいくつかありますが、どれも鍵となるのは8つの方法の一番目「くり返す」ことです。

くり返し『慈経《じきょう》』を唱えてもよいですし、定期的に「慈悲の瞑想」をするのもよいでしょう。あるいは日常生活のなかでやさしい想いをくり返し抱くのもよいでしょう。このように慈悲を習慣にすることで、徐々に慈悲が育っていくのです。

慈悲の瞑想では、あるひとつのセッションから次のセッションまで大きな変化は感じられないかもしれませんが、瞑想をくり返すことで心は成長し、自分の人生にも、他の生命との関係にも、すばらしい影響がもたらされるのです。

一般的なやり方

「慈悲の瞑想」の一般的なやり方についてご説明しましょう。

はじめて瞑想する方は、静かな場所に座り、時間を十分確保してください。

二一八ページから「慈悲の瞑想」を四種類ご紹介しています。そのなかからひとつ選び、最初から最後までゆっくり読んでください。書かれている言葉どおりに慈しみを感じましょう。言葉と思考から、慈悲の瞑想をはじめるのです。

ご紹介している瞑想の言葉は、一例です。心に慈悲が響くよう、言葉を少し変えてもよいでしょう。

まず、慈しみを自分に向けることからはじめます。「自分」を瞑想の対象にするのです。その後、慈しみを徐々に外へと向けていき、「宇宙に住むすべての生命」にいきわたるまで広げます。

各段階で、特定の人や動物を思い浮かべると、瞑想しやすくなるかもしれません。心のなかに特定のだれかを思い浮かべて慈しみを向け、その後、正直な心ですべての生命に広げるのです。

もし、慈しみを向けにくいと感じる生命がいたとしても、真摯に、忍耐強く、瞑想にとりくんでください。やがて、困難なく慈しみを向けられるようになるでしょう。

身体に生じている感覚に注意を向け、観察してください。そうしていると身体の感覚や思考が完全に清らかになります。そのとき感じる感覚は、実際のところ身体の感覚を超えた感覚であり、心の感覚といってもよいでしょう。心臓のあたりにあたたかさや穏やかさとして感じることがよくあるのです。

心地よさを感じられるようになったら、瞑想の言葉やイメージ、特定の人、それから〝親しい人〟や〝嫌いな人〟など対象のカテゴリーの枠をはずしてください。思考や感情、身体感覚を超え、形もイメージももたずに、慈悲のなかに深く浸るのです。

慈悲の瞑想をつづけていると、瞑想していないふだんの生活でも、必要なときに慈悲の言葉が湧き上がってきて、慈悲で行動できるようになるでしょう。

慈悲を習慣にしてください。慈悲が性格になるまで、瞑想にとりくむのです。

では、慈悲の瞑想を四種類ご紹介しましょう。

慈悲の瞑想①

私が、健康で、安穏で、幸せでありますように。
危害がありませんように。
なにごともうまく成しとげられますように。
生きるうえで避けられない困難や問題が生じたとき、
忍耐、勇気、理解、決意をもって乗り越えられますように。
道徳、誠実さ、ゆるし、思いやり、気づき、智慧で、
克服できますように。

私の父・母が、健康で、安穏で、幸せでありますように。
危害がありませんように。
なにごともうまく成しとげられますように。
生きるうえで避けられない困難や問題が生じたとき、
忍耐、勇気、理解、決意をもって乗り越えられますように。
道徳、誠実さ、ゆるし、思いやり、気づき、智慧で、

克服できますように。

私の先生が、健康で、安穏で、幸せでありますように。
危害がありませんように。
なにごともうまく成しとげられますように。
生きるうえで避けられない困難や問題が生じたとき、
忍耐、勇気、理解、決意をもって乗り越えられますように。
道徳、誠実さ、ゆるし、思いやり、気づき、智慧で、
克服できますように。

私の親戚が、健康で、安穏で、幸せでありますように。
危害がありませんように。
なにごともうまく成しとげられますように。
生きるうえで避けられない困難や問題が生じたとき、
忍耐、勇気、理解、決意をもって乗り越えられますように。
道徳、誠実さ、ゆるし、思いやり、気づき、智慧で、
克服できますように。

私の友人が、健康で、安穏で、幸せでありますように。
危害がありませんように。
なにごともうまく成しとげられますように。
生きるうえで避けられない困難や問題が生じたとき、
忍耐、勇気、理解、決意をもって乗り越えられますように。
道徳、誠実さ、ゆるし、思いやり、気づき、智慧で、
克服できますように。

好きでも嫌いでもない中立的な人が、
健康で、安穏で、幸せでありますように。
危害がありませんように。
なにごともうまく成しとげられますように。
生きるうえで避けられない困難や問題が生じたとき、
忍耐、勇気、理解、決意をもって乗り越えられますように。
道徳、誠実さ、ゆるし、思いやり、気づき、智慧で、
克服できますように。

私の嫌いな人・私を嫌っている人が、
健康で、安穏で、幸せでありますように。
危害がありませんように。
なにごともうまく成しとげられますように。
生きるうえで避けられない困難や問題が生じたとき、
忍耐、勇気、理解、決意をもって乗り越えられますように。
道徳、誠実さ、ゆるし、思いやり、気づき、智慧で、
克服できますように。

生きとし生けるものが、
健康で、安穏で、幸せでありますように。
危害がありませんように。
なにごともうまく成しとげられますように。
生きるうえで避けられない困難や問題が生じたとき、
忍耐、勇気、理解、決意をもって乗り越えられますように。
道徳、誠実さ、ゆるし、思いやり、気づき、智慧で、
克服できますように。

慈悲の瞑想②

自分と同じように、すべての生命が幸せを望んでいます。このことを理解し、生命にたいして順番に慈しみを広げていきましょう。

私が幸せでありますように。
私の苦しみがなくなりますように。
私と同じく、私の親しい人も、知らない人も、嫌いな人も、私を嫌っている人も、
幸せでありますように。

この町に住むすべての生命が……、
この地方に住むすべての生命が……、
この国に住むすべての生命が……、
この世界に住むすべての生命が……、
つねに幸せでありますように。

すべての女性が……、すべての男性が……、
すべての聖者が……、すべての凡人が……、
すべての神々が……、すべての人間が……、
不幸な境涯に住むすべての者が……、
幸せでありますように。
一〇の方角に住むすべての生命が、
幸せでありますように。

私の怒りがなくなりますように。
憂いがなくなりますように。
悩みがなくなりますように。
幸せに暮らせますように。

私と同じく、私の父母、恩師、先生、友人、
知らない人、嫌いな人、私を嫌っている人の、
怒りがなくなりますように。
憂いがなくなりますように。

悩みがなくなりますように。
幸せに暮らせますように。
苦しみから解放されますように。
正しく得た幸福が奪われませんように。

すべての有情《うじょう》が……、
すべての生命が……、
すべての生類《しょうるい》が……、
すべての個が……、
すべての女性が……、
すべての男性が……、
すべての聖者が……、
すべての凡夫が……、
すべての神々が……、
すべての人間が……、
人間以外のすべての生命が……、
地獄に住む生命が……、

この家に住む生命が……、
この町に住む生命が……、
この国に住む生命が……、
この世界に住む生命が……、
この宇宙に住む生命が……、
生きとし生けるものが、例外なく、
幸せでありますように。
怒りがなくなりますように。
憂いがなくなりますように。
悩みがなくなりますように。
幸せに暮らせますように。
苦しみから解放されますように。
正しく得た幸福が奪われませんように。

無足の生命が、私の慈しみを受けとりますように。
二足の生命が、私の慈しみを受けとりますように。
四足の生命が、私の慈しみを受けとりますように。

多足の生命が、私の慈しみを受けとりますように。

無足の生命が、私を害しませんように。
二足の生命が、私を害しませんように。
四足の生命が、私を害しませんように。
多足の生命が、私を害しませんように。

生きとし生けるものが、
すでに生まれているものも、これから生まれようとしているものも、
すべての生命が、幸せでありますように。
善いことに出会えますように。
苦しみが起こりませんように。

苦しんでいるものの、苦しみがなくなりますように。
恐れているものの、恐れがなくなりますように。
悲しんでいるものの、悲しみがなくなりますように。
すべての生命の、苦しみ、恐れ、悲しみがなくなりますように。

最も高い境涯に住む生命から、最も低い境涯に住む生命まで、
色《しき》（身体）のある生命も、ない生命も、
想《そう》（識別作用）のある生命も、ない生命も、
この世界に住むすべての生命の、苦しみがなくなりますように。
涅槃《ねはん》に達しますように。

慈悲の瞑想③

私が、慈《じ》・悲《ひ》・喜《き》・捨《しゃ》で満たされますように。
寛大でありますように。
穏やかでありますように。
感謝で満たされますように。
リラックスしますように。
幸せで、安穏でありますように。
健康でありますように。
柔和でありますように。

善い言葉を話しますように。

私が、見るもの、聞くもの、匂うもの、
味わうもの、触れるもの、考えるものすべてから、
慈・悲・喜・捨を育てることができますように。
寛大さとやさしさが育ちますように。
親しみをもって行為できますように。
その行為が、幸せとやすらぎをもたらしますように。
人格が育ちますように。
恐れ、緊張、不安、悩み、あせりがなくなりますように。
どこにいても、穏やかに、幸せに、慈しみの心で、
他者と接することができますように。
あらゆる方向で、欲、怒り、嫌悪、憎しみ、嫉妬、恐怖から、
守られますように。

私の父・母が、慈・悲・喜・捨で満たされますように。
寛大でありますように。

穏やかでありますように。
感謝で満たされますように。
リラックスしますように。
幸せで、安穏でありますように。
健康でありますように。
柔和でありますように。
善い言葉を話しますように。

父・母が、見るもの、聞くもの、匂うもの、
味わうもの、触れるもの、考えるものすべてから、
慈・悲・喜・捨を育てることができますように。
寛大さとやさしさが育ちますように。
親しみをもって行為できますように。
その行為が、幸せとやすらぎをもたらしますように。
人格が育ちますように。
恐れ、緊張、不安、悩み、あせりがなくなりますように。
どこにいても、穏やかに、幸せに、慈しみの心で、

他者と接することができますように。
あらゆる方向で、欲、怒り、嫌悪、憎しみ、嫉妬、恐怖から、
守られますように。

私の先生が、慈・悲・喜・捨で満たされますように。
寛大でありますように。
穏やかでありますように。
感謝で満たされますように。
リラックスしますように。
幸せで、安穏でありますように。
健康でありますように。
柔和でありますように。
善い言葉を話しますように。

先生が、見るもの、聞くもの、匂うもの、
味わうもの、触れるもの、考えるものすべてから、
慈・悲・喜・捨を育てることができますように。

寛大さとやさしさが育ちますように。
親しみをもって行為できますように。
その行為が、幸せとやすらぎをもたらしますように。
人格が育ちますように。
恐れ、緊張、不安、悩み、あせりがなくなりますように。
どこにいても、穏やかに、幸せに、慈しみの心で、
他者と接することができますように。
あらゆる方向で、欲、怒り、嫌悪、憎しみ、嫉妬、恐怖から、
守られますように。

私の親戚が、慈・悲・喜・捨で満たされますように。
寛大でありますように。
穏やかでありますように。
感謝で満たされますように。
リラックスしますように。
幸せで、安穏でありますように。
健康でありますように。

柔和でありますように。
善い言葉を話しますように。

親戚が、見るもの、聞くもの、匂うもの、
味わうもの、触れるもの、考えるものすべてから、
慈・悲・喜・捨を育てることができますように。
寛大さとやさしさが育ちますように。
親しみをもって行為できますように。
その行為が、幸せとやすらぎをもたらしますように。
人格が育ちますように。
恐れ、緊張、不安、悩み、あせりがなくなりますように。
どこにいても、穏やかに、幸せに、慈しみの心で、
他者と接することができますように。
あらゆる方向で、欲、怒り、嫌悪、憎しみ、嫉妬、恐怖から、
守られますように。

私の友人が、慈・悲・喜・捨で満たされますように。

寛大でありますように。
穏やかでありますように。
感謝で満たされますように。
リラックスしますように。
幸せで、安穏でありますように。
健康でありますように。
柔和でありますように。
善い言葉を話しますように。

友人が、見るもの、聞くもの、匂うもの、
味わうもの、触れるもの、考えるものすべてから、
慈・悲・喜・捨を育てることができますように。
寛大さとやさしさが育ちますように。
親しみをもって行為できますように。
その行為が、幸せとやすらぎをもたらしますように。
人格が育ちますように。
恐れ、緊張、不安、悩み、あせりがなくなりますように。

どこにいても、穏やかに、幸せに、慈しみの心で、
他者と接することができますように。
あらゆる方向で、欲、怒り、嫌悪、憎しみ、嫉妬、恐怖から、
守られますように。

好きでも嫌いでもない中立的な人が、
慈・悲・喜・捨で満たされますように。
寛大でありますように。
穏やかでありますように。
感謝で満たされますように。
リラックスしますように。
幸せで、安穏でありますように。
健康でありますように。
柔和でありますように。
善い言葉を話しますように。

好きでも嫌いでもない中立的な人が、

見るもの、聞くもの、匂うもの、
味わうもの、触れるもの、考えるものすべてから、
慈・悲・喜・捨を育てることができますように。
寛大さとやさしさが育ちますように。
親しみをもって行為できますように。
その行為が、幸せとやすらぎをもたらしますように。
人格が育ちますように。
恐れ、緊張、不安、悩み、あせりがなくなりますように。
どこにいても、穏やかに、幸せに、慈しみの心で、
他者と接することができますように。
あらゆる方向で、欲、怒り、嫌悪、憎しみ、嫉妬、恐怖から、
守られますように。

私の嫌いな人・私を嫌っている人が、
慈・悲・喜・捨で満たされますように。
寛大でありますように。
穏やかでありますように。

感謝で満たされますように。
リラックスしますように。
幸せで、安穏でありますように。
健康でありますように。
柔和でありますように。
善い言葉を話しますように。

私の嫌いな人・私を嫌っている人が、
見るもの、聞くもの、匂うもの、
味わうもの、触れるもの、考えるものすべてから、
慈・悲・喜・捨を育てることができますように。
寛大さとやさしさが育ちますように。
親しみをもって行為できますように。
その行為が、幸せとやすらぎをもたらしますように。
人格が育ちますように。
恐れ、緊張、不安、悩み、あせりがなくなりますように。
どこにいても、穏やかに、幸せに、慈しみの心で、

他者と接することができますように。
あらゆる方向で、欲、怒り、嫌悪、憎しみ、嫉妬、恐怖から、
守られますように。

生きとし生けるものが、
慈・悲・喜・捨で満たされますように。
寛大でありますように。
穏やかでありますように。
感謝で満たされますように。
リラックスしますように。
幸せで、安穏でありますように。
健康でありますように。
柔和でありますように。
善い言葉を話しますように。

生きとし生けるものが、
見るもの、聞くもの、匂うもの、

味わうもの、触れるもの、考えるものすべてから、
慈・悲・喜・捨を育てることができますように。
寛大さとやさしさが育ちますように。
親しみをもって行為できますように。
その行為が、幸せとやすらぎをもたらしますように。
人格が育ちますように。
恐れ、緊張、不安、悩み、あせりがなくなりますように。
どこにいても、穏やかに、幸せに、慈しみの心で、
他者と接することができますように。
あらゆる方向で、欲、怒り、嫌悪、憎しみ、嫉妬、恐怖から、
守られますように。

慈悲の瞑想④

（東の方角に心を向けます）
東の方角に住むすべての生命の、

欲、怒り、嫌悪、憎しみ、嫉妬、恐怖がなくなりますように。
慈しみに抱かれ、包まれますように。
心と身体のすべての細胞、血液、原子、分子に、
慈しみが広がりますように。
心と身体がリラックスし、
やすらぎと静けさで満たされますように。
慈しみが、心と身体全体にあふれますように。

（南の方角に心を向けます）
南の方角に住むすべての生命の、
欲、怒り、嫌悪、憎しみ、嫉妬、恐怖がなくなりますように。
慈しみに抱かれ、包まれますように。
心と身体のすべての細胞、血液、原子、分子に、
慈しみが広がりますように。
心と身体がリラックスし、
やすらぎと静けさで満たされますように。
慈しみが、心と身体全体にあふれますように。

（西の方角に心を向けます）

西の方角に住むすべての生命の、
欲、怒り、嫌悪、憎しみ、嫉妬、恐怖がなくなりますように。
慈しみに抱かれ、包まれますように。
心と身体のすべての細胞、血液、原子、分子に、
慈しみが広がりますように。
心と身体がリラックスし、
やすらぎと静けさで満たされますように。
慈しみが、心と身体全体にあふれますように。

（北の方角に心を向けます）

北の方角に住むすべての生命の、
欲、怒り、嫌悪、憎しみ、嫉妬、恐怖がなくなりますように。
慈しみに抱かれ、包まれますように。
心と身体のすべての細胞、血液、原子、分子に、
慈しみが広がりますように。
心と身体がリラックスし、

やすらぎと静けさで満たされますように。
慈しみが、心と身体全体にあふれますように。

（神々の世界に心を向けます）
神々の世界に住むすべての生命の、
欲、怒り、嫌悪、憎しみ、嫉妬、恐怖がなくなりますように。
慈しみに抱かれ、包まれますように。
心と身体のすべての細胞、血液、原子、分子に、
慈しみが広がりますように。
心と身体がリラックスし、
やすらぎと静けさで満たされますように。
慈しみが、心と身体全体にあふれますように。

（動物界と地獄界に心を向けます）
動物界と地獄界に住むすべての生命の、
欲、怒り、嫌悪、憎しみ、嫉妬、恐怖がなくなりますように。
慈しみに抱かれ、包まれますように。

心と身体のすべての細胞、血液、原子、分子に、
慈しみが広がりますように。
心と身体がリラックスし、
やすらぎと静けさで満たされますように。
慈しみが、心と身体全体にあふれますように。

宇宙のあらゆる方向にいるすべての生命が、
安穏でありますように。
幸せでありますように。
善いことがありますように。
善き友がいますように。
死後、幸せの境涯に生まれますように。

生きとし生けるものが、
豊かで、清らかな、無量の慈しみに満たされますように。
敵意がなくなりますように。
悩み、苦しみがなくなりますように。

幸せに暮らせますように。

刑務所にいる人、警察に拘束され、裁判を待つすべての人たちが、
安穏で、幸せでありますように。
欲、怒り、嫌悪、憎しみ、嫉妬、恐怖がなくなりますように。
慈しみに抱かれ、包まれますように。
心と身体のすべての細胞、血液、原子、分子に、
慈しみが広がりますように。
心と身体がリラックスし、
やすらぎと静けさで満たされますように。
慈しみが、心と身体全体にあふれますように。

宇宙のあらゆる方向にいるすべての生命が、
安穏でありますように。
幸せでありますように。
善いことがありますように。
善き友がいますように。

死後、幸せの境涯に生まれますように。

病気をわずらい、病院にいるすべての人たちが、
安穏で、幸せでありますように。
痛み、苦しみ、落ち込み、失望、不満、
不安、恐怖がなくなりますように。
慈しみに抱かれ、包まれますように。
心と身体のすべての細胞、血液、原子、分子に、
慈しみが広がりますように。
心と身体がリラックスし、
やすらぎと静けさで満たされますように。
慈しみが、心と身体全体にあふれますように。

宇宙のあらゆる方向にいるすべての生命が、
安穏でありますように。
幸せでありますように。
善いことがありますように。

善き友がいますように。
死後、幸せの境涯に生まれますように。

陣痛に苦しむすべての妊婦たちが、
安穏で、幸せでありますように。
痛み、苦しみ、落ち込み、失望、不満、
不安、恐怖がなくなりますように。
慈しみに抱かれ、包まれますように。
心と身体のすべての細胞、血液、原子、分子に、
慈しみが広がりますように。
心と身体がリラックスし、
やすらぎと静けさで満たされますように。
慈しみが、心と身体全体にあふれますように。

宇宙のあらゆる方向にいるすべての生命が、
安穏でありますように。
幸せでありますように。

善いことがありますように。
善き友がいますように。
死後、幸せの境涯に生まれますように。

ひとりで子どもを育てている親たちの、
痛み、苦しみ、落ち込み、失望、不満、
不安、恐怖がなくなりますように。
慈しみに抱かれ、包まれますように。
心と身体のすべての細胞、血液、原子、分子に、
慈しみが広がりますように。
心と身体がリラックスし、
やすらぎと静けさで満たされますように。
慈しみが、心と身体全体にあふれますように。

宇宙のあらゆる方向にいるすべての生命が、
安穏でありますように。
幸せでありますように。

善いことがありますように。
善き友がいますように。
死後、幸せの境涯に生まれますように。

大人から虐待を受けた子どもたちの、
痛み、苦しみ、落ち込み、失望、不満、
不安、恐怖がなくなりますように。
慈しみに抱かれ、包まれますように。
心と身体のすべての細胞、血液、原子、分子に、
慈しみが広がりますように。
心と身体がリラックスし、
やすらぎと静けさで満たされますように。
慈しみが、心と身体全体にあふれますように。

宇宙のあらゆる方向にいるすべての生命が、
安穏でありますように。
幸せでありますように。

善いことがありますように。
善き友がいますように。
死後、幸せの境涯に生まれますように。

すべてのリーダーたちが、
やさしく、親切で、寛大で、あわれみ深く、
思いやりがありますように。
抑圧されている人、恵まれない人、
差別されている人、貧困に苦しむ人たちの、
最もよき理解者になりますように。
恵まれない人たちの苦しみに、寄り添いますように。

抑圧されている人、恵まれない人、
差別されている人、貧困に苦しむ人たちの、
痛み、苦しみ、落ち込み、失望、不満、
不安、恐怖がなくなりますように。
慈しみに抱かれ、包まれますように。

心と身体のすべての細胞、血液、原子、分子に、
慈しみが広がりますように。
心と身体がリラックスし、
やすらぎと静けさで満たされますように。
慈しみが、心と身体全体にあふれますように。

宇宙のあらゆる方向にいるすべての生命が、
安穏でありますように。
幸せでありますように。
善いことがありますように。
善き友がいますように。
死後、幸せの境涯に生まれますように。

訳者あとがき

毎日を穏やかな心で幸せにすごしたいと思うなら、慈悲の瞑想は最も効果的な方法です。瞑想といっても、むずかしいことをするわけではありません。ただ思考を入れ替えるだけでよいのです。怒りや不安、嫉妬などネガティブな思考から、やさしい思いやりのある慈しみの思考に入れ替えるのです。

やり方はとても簡単です。心の中で「私が幸せでありますように」とか「親しい生命が……、好きでも嫌いでもない生命が……、嫌いな生命が……、私を嫌っている生命が……、生きとし生けるものが……、幸せでありますように」と自分や他者にたいして慈しみを抱きながら思考をやさしさで満たすだけです。これだけで、心は穏やかになっていくのです。

慈悲の瞑想には優れた効果がたくさんあります。これは現代の科学的な研究でも実証されています。慈悲の瞑想をすると頭の中のきりのないおしゃべりが止まり、ネガティブな思考のループが断ち切られ、思考が穏やかになり、幸福感や充実感が高まります。体調がよくなったり、人間関係が良好になったりなど、よい効果がたくさんあることが示されています。さらに仏教では、心が静寂になり、悩みや苦しみを滅する智慧が現れると教えています。

訳者あとがき

本書『慈悲の瞑想――慈しみの心』(原題：*Loving-Kindness in Plain English — The Practice of Metta*)は、いまからおよそ二六〇〇年も前、ブッダが教え、それ以来ずっと弟子たちによって実践され、伝えられつづけてきた慈しみの教え――『慈経《じきょう》(Metta《メッタ》 sutta《スッタ》)』にもとづいて書かれたものです。欧米を中心に世界中でブッダの教えを伝え続けているバンテ・H・グナラタナ師が、現代に生きる私たちにも怒りや怨みのないやさしい心を育てられるよう、慈悲の理論と実践法をわかりやすく解説されています。

慈悲の瞑想は、いつでもどこでもできる簡単な瞑想です。料理をつくっているときは「これを食べる人が健康になりますように」と、掃除をしているときは「みんなが気持ちよくすごせますように」などと、慈しみを抱きながらその行為をします。そうすることで、あせりやいらだちが消え、心はやさしくなり、自分もまわりも穏やかになっていくのです。

本書の出版にあたり、編集の豊嶋悠吾氏はじめ、春秋社のみなさまに大変お世話になりました。心より感謝申し上げます。

本書を読まれたみなさまが、毎日を慈しみの心で、穏やかに、充実してすごすことができますように。生きとし生けるものが幸せでありますように。

二〇一八年六月

出村佳子

【著　者】

バンテ・ヘーネポラ・グナラタナ　Bhante Henepola Gunaratana

1927年、スリランカ生まれ。12歳で出家。米アメリカン大学で哲学博士号取得。アメリカン大学、ジョージタウン大学、メリーランド大学、バックネル大学で教鞭を執るほか、ヨーロッパやオーストラリアの大学で講義をおこなう。現在、ウェストバージニア州の森林僧院・瞑想センター「バーワナー・ソサエティ」で住職を務める。世界中で瞑想指導や講演会をおこなっている。著書にロングセラーとなり世界中で読み継がれている『ヴィパッサナー瞑想の教科書――マインドフルネス　気づきの瞑想』(徳間書店)『8（エイト）マインドフル・ステップス――ブッダが教えた幸せの実践』『マインドフルネスを越えて――集中と気づきの正しい実践』などがある。

【訳　者】

出村佳子　Yoshiko Demura

翻訳家。訳書に『今日からはじめるマインドフルネス――心と身体を調える8週間プログラム』(春秋社)『ヴィパッサナー瞑想の教科書――マインドフルネス　気づきの瞑想』(徳間書店)『8（エイト）マインドフル・ステップス――ブッダが教えた幸せの実践』『マインドフルネスを越えて――集中と気づきの正しい実践』『親と子どものためのマインドフルネス――1日3分！「くらべない子育て」でクリエイティブな脳とこころを育てる（CD付)』『アチャン・チャー法話集』(全3巻）ほか多数。

■Sukhi Hotu：智慧と慈悲の実践　https://sukhi-hotu.blogspot.com/

慈悲の瞑想——慈しみの心

2018年7月20日　初　版第1刷発行
2024年7月1日　新装版第1刷発行

著　者————バンテ・ヘーネポラ・グナラタナ
訳　者————出村佳子
発行者————小林公二
発行所————株式会社 春秋社
〒101-0021　東京都千代田区外神田2-18-6
電話　03-3255-9611
振替　00180-6-24861
https://www.shunjusha.co.jp/
印刷所————株式会社太平印刷社
製本所————ナショナル製本協同組合
装　幀————河村　誠

2024 © Printed in Japan
ISBN 978-4-393-36577-9
定価はカバー等に表示してあります

M・チャスカルソン／出村佳子訳
今日からはじめるマインドフルネス
心と身体を調える8週間プログラム

イギリス国民健康保険などで実施されている、初歩の食べる瞑想から歩く瞑想へと徐々に深めていくマインドフルネス・プログラムを図やイラスト入りでやさしく指導。

3080円

地橋秀雄
ブッダの瞑想法
ヴィパッサナー瞑想の理論と実践

ブッダはこの瞑想法で悟りを開いた！　仏教に縁がなかった初心者でも、毎日少しずつ実践すれば、集中力や記憶力等がつき、心の安らぎが得られる、驚きの瞑想システム独習書。

2310円

地橋秀雄
DVDブック　実践　ブッダの瞑想法
はじめてでもよく分かるヴィパッサナー瞑想入門

初心者のためのヴィパッサナー瞑想入門、待望のDVD化！　実際の瞑想のやり方をヴァリエーション豊かな映像から学ぶことで、くり返し、より具体的にその真髄を理解できる。

2750円

地橋秀雄
CDブック　ブッダの瞑想法
瞬間のことば

今・ここ・この瞬間をとらえるヴィパッサナー瞑想の世界が短い言葉の中に凝縮されていく。こころ穏やかな日々が誰の目の前にも広がっていると気づける「聴く瞑想の本」！

2530円

地橋秀雄
人生の流れを変える　瞑想クイック・マニュアル
心をピュアにするヴィパッサナー瞑想入門

話題沸騰中のヴィパッサナー瞑想を実践的にわかりやすく解説。直観力が磨かれ、創造性が身につく、「ありのままの状態」に気づくサティの瞑想がこの一冊で理解できる。

1760円

▼価格は税込（10％）。